GLAC edições

encontrar os comunistas

sabotagem

**ELIZABETH
GURLEY
FLYNN**

tradução Bruno da Silva Amorim

8	Apresentação	E, ainda assim, ela se move *Doantídoto*
16		SABOTAGEM A suspensão intencional da produtividade dos trabalhadores industriais *Elizabeth Gurley Flynn*
48		ENCONTRAR OS COMUNISTAS *Elizabeth Gurley Flynn*
78	Posfácio	Sobre canções e garotas rebeldes *Letícia Parks*
88	Edição	Autoria, tradução, colaborações e agradecimentos

Retrato de Elizabeth Gurley Flynn (1890-1964), ± 1910-1920, Coleção George Grantham Bain (Biblioteca do Congresso dos EUA), Domínio Público. Foto: Sra. J.A. Jones.

APRESENTAÇÃO
E, ainda assim, ela se move
Doantídoto

Perdoem-me, mas preciso começar citando uma história muito popular — e provavelmente apócrifa — a respeito de Galileu Galilei. Em 1633, o estudioso foi levado ao Tribunal da Santa Inquisição por defender que a Terra girava em torno do Sol, contrariando o dogma cristão de que ela permanecia imóvel no centro do universo. Acontece que essa heresia, de contrariar *o dogma*, significava contrariar *a Igreja*. Contrariar *a Igreja* significava contrariar a lei, a autoridade e o *poder político*. E tudo isso significava que o herege receberia um caloroso passeio à fogueira.

Para evitar tornar-se um churrasco de astrônomo, Galileu se retratou — e aqui é que vem a parte apócrifa dessa história. Perante o tribunal, ele disse que estava errado, que seria *impossível* que a Terra se movesse. E então murmurou baixinho: *"E pur si muove"*, "E, ainda assim, ela se move." Não há como saber se essas palavras foram de fato murmuradas em frente ao Santo Ofício. Galileu morreu nove anos depois, em prisão domiciliar. É pouco provável que tenha, de fato, enfrentado a Inquisição e sido condenado a uma pena tão pequena para a época. Talvez o Galileu apócrifo seja mais contraditor, e o Galileu histórico, mais contraditório. Ainda assim, esse enfrentamento é inspirador. Há algo instigante, sedutor, nessas personalidades que desafiam estruturas de poder para lutar pelo que acreditam. Os teóricos da conspiração — versões contemporâneas e mal-informadas de um Quixote deprimente — chegam ao ponto de inventar inimigos imaginários para poderem se sentir como um Galileu enfrentando a Inquisição.

Do lado oposto da moeda da sanidade, há exemplos apaixonantes de pessoas que se recusaram a cumprir protocolos injustos e opressores vindos de poderes políticos reais. Enquanto as engrenagens dos sistemas de poder e a inércia dos costumes empurravam essas pessoas para um comportamento esperado, elas disseram "não":

1846 Os Estados Unidos da América entram em guerra contra o México após invadir e anexar terras mexicanas. Opondo-se a essa guerra e à escravidão, Henry David Thoreau se recusa a pagar seus impostos. Ele é preso e escreve *A desobediência civil*.

1849 Harriet Tubman foge de seus escravizadores e inicia uma luta de décadas para ajudar outros escravizados a escaparem de seus captores. Recruta mais pessoas para a causa e chega a participar da Guerra Civil dos EUA, lutando pelo fim da escravidão.

1930 Gandhi lidera um grupo de pessoas na Marcha do Sal, desafiando deliberadamente os poderes violentamente reais dos colonizadores britânicos na Índia.

1939 Irena Sendler ajuda a esconder judeus perseguidos pelo governo nazista e arrisca a vida levando alimentos, roupas e medicamentos para as pessoas confinadas ao Gueto de Varsóvia. É presa pelo governo de Hitler e, mesmo sob tortura e com ossos quebrados, não entrega seus colaboradores nem as pessoas que escondeu.

1955 Rosa Parks se recusa a ceder seu lugar para um homem branco em um ônibus segregado de Montgomery, no Alabama (EUA). Ela é presa, e sua detenção motiva grandes manifestações pelos direitos civis e pelo fim da segregação.

1963 Martin Luther King Jr. desafia uma ordem judicial que proibia protestos contra a segregação racial na Campanha de Birmingham. Preso, escreve a *Carta da prisão de Birmingham*, que defende a resistência não violenta a leis injustas, expõe a brutalidade policial e mobiliza apoio nacional aos direitos civis.

1973 O estudante e ativista contra o *Apartheid* Steve Biko recebe uma ordem de banimento do governo da África do Sul, que o proibia de sair da cidade, falar publicamente, continuar na universidade, ser citado pela mídia ou mesmo reunir-se com mais de uma pessoa por vez. Em segredo, Biko segue sendo uma liderança da militância até ser assassinado por policiais em 1977.

2009 Com onze anos, Malala Yousafzai usa um pseudônimo para escrever um diário publicado na BBC. Com isso, ela denuncia a proibição do Talibã à educação feminina no Paquistão e deflagra as dificuldades das meninas para estudar — e viver — sob o regime extremista no vale do Suate, no Paquistão.

De Mandela a Marielle, de João Cândido a Antonieta de Barros, a lista é longa, bela e inspiradora. No meio dessa lista, em algum lugar entre Susan B. Anthony e Carlos Marighella, na esquina entre Pagu e Olga Benário, está Elizabeth Gurley Flynn.

Nos Estados Unidos do começo do século XX, quais as chances de uma mulher jovem e pobre não só participar, mas ocupar posições de *liderança* em grandes organizações políticas? Elizabeth fez seu primeiro discurso em uma associação socialista do Harlem, em Nova Iorque, aos quinze anos. Quando faleceu, aos setenta e quatro, seu funeral foi organizado na Praça Vermelha, em Moscou, e reuniu dezenas de milhares de pessoas. Passando pelas duas Guerras Mundiais, pela Grande Depressão e pelo coração da Guerra Fria, a trajetória de Elizabeth foi dura: foi presa muitas vezes, sofreu violências das formas mais diversas, trabalhou arduamente como escritora e militante. Enfrentou preconceitos por se separar do marido e viver junto de uma mulher. Era conhecida como *Rebel Girl*, a "garota rebelde" que trabalhou e lutou pela redução da jornada de trabalho, pelo aumento dos salários, pela melhoria das condições de segurança nos locais de trabalho, pelos direitos das mulheres, dos imigrantes e das minorias raciais, contra a violência policial, além de ter organizado inúmeras greves, sabotagens, boicotes e protestos.

Ao escrever este prefácio em 2025, vejo nas manchetes que o preconceito contra imigrantes alimenta a crescente extrema-direita na Europa e nos EUA. Vejo mulheres que precisam lutar pelos seus direitos. Vejo qualquer tentativa ativa de antirracismo sendo acusada de "doutrinação" e/ou "cultura *woke*". Vejo a violência policial que recai sobre trabalhadores que protestam, da Argentina à Turquia, e oprime sistematicamente o povo periférico e racializado do meu próprio país. Vejo as conquistas trabalhistas, os salários e as condições de trabalho serem corroídas por reformas e pela *uberização* de tudo quanto é profissão. Vejo milhões de pessoas — incluindo alguns jovens — acreditarem que ser "rebelde", ser "contra o sistema", é defender bilionários que não só controlam, mas *são* grande parte da política, como Donald Trump e Elon Musk. Vejo, enfim, como ainda precisamos da nossa *Rebel Girl*.

Os dois textos contidos no volume que você tem em mãos são particularmente importantes nos nossos dias. Em tempos de uma intelectualidade acadêmica e insular, que não sabe se comunicar com a imensa maioria das pessoas, este livro traz dois panfletos escritos por Elizabeth, curtos, diretos e esculpidos com cuidado para serem compreendidos tanto por qualquer um que os lesse, no período que foram publicados, quanto hoje.

Enquanto as massas são manobradas por um medo irracional e ignorante do comunismo (*ainda*, dá pra acreditar?), o texto *Encontrar os comunistas*, de 1946, apresenta com clareza quem são os comunistas do ponto de vista de quem vive essa luta, de quem faz parte das organizações comunistas, sindicais e de direitos civis.

13 Doantídoto

Enquanto os jovens precarizados, que não ganham o suficiente para viver, encontram nomes anglófonos para suas táticas de resistência à exploração — depois da *Great Resignation*, fazem um *Rage Applying* e apelam para o *Quiet Quitting* para evitar um *Burnout*[1] —, o texto *Sabotagem*, de 1915, mostra como muitas dessas técnicas já existiam há mais de cem anos e ensina a utilizá-las enquanto discute suas justificativas éticas e políticas.

No nosso mundo de *TikToks* e *WhatsApps*, de *coaches*, *trends*, *influencers*, de informação ultrarrápida, ultrarrasa e ultraprocessada, pode parecer estranho que o fantasma de uma garota rebelde de tanto tempo atrás esteja se movendo no meio de nós.

E, ainda assim, ela se move.

---

[1] Em ordem: "Great Resignation" foi um fenômeno que começou por volta de 2021, quando milhões de pessoas, especialmente em países ocidentais, começaram a pedir demissão voluntariamente de seus empregos, motivados por reflexões durante a pandemia sobre qualidade de vida, *burnout*, e busca por melhores salários e condições de trabalho; "Rage Applying" é um nome popularmente dado à prática de se candidatar impulsivamente a várias vagas de emprego após um momento ou período de frustração com o trabalho atual, que ocorre após conflitos com chefes, abusos, sobrecarga ou sensação de desvalorização no ambiente de trabalho; e, por fim, "Quiet Quitting" se refere à prática de funcionários que deixam de ir "além do básico" no trabalho, fazendo apenas o mínimo exigido para evitar a demissão, sem se comprometer emocionalmente ou aceitar tarefas extras, ou seja, uma forma de resistência silenciosa ao excesso de cobrança e à cultura do "trabalhar demais".

Elizabeth G. F. discursando para trabalhadoras em Paterson, Nova Jersey (EUA), em junho de 1913. Arquivos de Retrato de Coleções Especiais da Universidade de Washington. Foto: Ian [Dolf?].

SABOTAGEM
A suspensão intencional da produtividade dos trabalhadores industriais[1]
Elizabeth Gurley Flynn

---

[1] N. da T.: A tradução de *"The conscious withdrawal of the workers" industrial efficiency"* para "A suspensão intencional da produtividade dos trabalhadores industriais" foi uma maneira de reter a complexidade da ação dos trabalhadores. O termo "suspensão" foi preferido ao "retirada" por evocar uma interrupção temporária ou estratégica, sem necessariamente implicar uma remoção completa ou permanente. A escolha de "intencional" em vez de "consciente" visa sublinhar a condição deliberada da ação, reconhecendo que a motivação dos trabalhadores pode ser guiada por circunstâncias espontâneas e práticas (materiais e coletivas), mesmo que sua intencionalidade não seja sempre formulada e orientada de maneira conceitual ou plenamente consciente, deliberada, mas que, ainda assim, alude a uma autonomia relativa dos trabalhadores ao praticarem e se engajarem em uma ação direta que excede a "retirada" de esforço, destacando a dimensão política e tática da ação em contextos de lutas das/os trabalhadoras/es.

O interesse pela sabotagem nos Estados Unidos surgiu recentemente devido ao caso de Frederic Sumner Boyd,[2] ocorrido em Nova Jersey, no contexto da greve de Paterson. Antes da sua prisão e condenação por promover a sabotagem, essa tática trabalhista específica era pouco conhecida ou discutida no país. Agora, surge uma dupla necessidade

---

2 N. da E.: Diversas fontes online afirmam que este texto foi publicado pelo sindicato Industrial Workers of the World (IWW) tanto em 1916 como em 1917, mas a sua forma original foi apresentada por Elizabeth Gurley Flynn como discurso, proferido em 1913, especialmente durante a Greve da Seda, na cidade de Paterson (Nova Jersey, EUA). A exposição oral da autora foi impressa como panfleto em 1915 pelo Cleveland Publishing Bureau da IWW, supostamente sem a permissão do Conselho Executivo Geral do sindicato. Com a dissolução da filial de Cleveland em 1916, o panfleto teve sua circulação retida pelo Conselho, mas reimpresso em 1917. Em Salvatore Salerno, Direct action & sabotage: three classic IWW pamphlets from the 1910s (Chicago/Oakland: Charles H. Kerr Publishing Company/ PM Press, 2014), pp. 16-17. Para referência ao original: Elizabeth Gurley Flynn, *Sabotage: the conscious withdrawal of the workers industrial efficiency* (Cleveland: IWW Publishing Bureau, 1915).

N. da E. original: A referência ao caso de Friderick Sumner Boyd, encontrada em vários pontos do texto no panfleto anterior, requer uma explicação adicional. O panfleto foi escrito há mais de dois anos, desde então ocorreram alguns desenvolvimentos interessantes no caso de Boyd. Após ser condenado pela acusação de "aconselhar a destruição de propriedade", Boyd levou seu caso ao Tribunal de Apelações e Erros de New Jersey, onde a decisão do tribunal inferior foi mantida. Boyd foi então preso e enviado para a prisão estadual em Trenton com uma sentença de "de dois a sete anos". Ele imediatamente assinou um pedido de clemência no qual afirma ter repudiado suas ideias anteriores e renunciado à defesa da sabotagem e outras ideias subversivas. Em vista da aparente covardia de Boyd, enquanto o panfleto está prestes a ser publicado, acrescentamos esta nota para maior clareza.

N. da T.: Frederic Sumner Boyd foi uma pessoa chave no movimento sindical nos Estados Unidos, conhecido principalmente por fundar o jornal "*Sabotage*", publicado pela Industrial Workers of the World (IWW), que, embora não fosse exclusivamente anarquista, incorporava muitos de seus princípios. Sua visão política se alinhava com a tradição anarquista dentro do movimento operário, que enfatizava a libertação dos trabalhadores e a criação de uma sociedade sem hierarquias e sem opressão. Boyd, um militante negro, era um dos poucos líderes afro-americanos na IWW e um defensor da ação direta e da sabotagem como métodos legítimos de luta dos trabalhadores contra a exploração capitalista. Seu trabalho foi crucial para popularizar o conceito de sabotagem entre os trabalhadores como uma forma de resistência eficaz, muitas vezes mais estratégica do que greves abertas. Além de sua contribuição ao sindicalismo, Boyd também lutou contra o racismo no contexto da organização dos trabalhadores, deixando uma marca significativa na teoria e prática da ação sindical no início do século XX.

de defendê-la: não apenas para explicar o que a sabotagem significa para o trabalhador em sua luta por melhores condições, mas para justificar as ações do nosso companheiro de trabalho, Boyd, em tudo o que ele afirmou. Assim, meu objetivo principal é explicar a sabotagem, abordando sua dupla importância: primeiro, em relação à sua utilidade, e segundo, em relação à sua legalidade.

SUA NECESSIDADE NA GUERRA DE CLASSES[3]

Não justificarei a sabotagem com base em fundamentos morais. Se trabalhadores consideram a sabotagem necessária, essa necessidade é, por si só, legítima. Sua existência é justificada pela sua necessidade. Discutir a moralidade da sabotagem seria tão absurdo quanto discutir a moralidade da greve ou da própria luta de classes. Para compreender ou aceitar a sabotagem, é preciso aceitar o conceito de luta de classes. Se você acredita que existe paz e harmonia entre trabalhadores e patrões, como entre irmãos, e que greves e *lockouts*[4] são meras disputas familiares, ou que é possível alcançar um equilíbrio onde tanto patrões quanto trabalhadores tenham o suficiente, um ponto de ajuste amigável na guerra industrial e na distribuição econômica, então não há justificativa nem explicação que torne a sabotagem compreensível para você. No arsenal dos trabalhadores, a sabotagem é uma arma na luta de classes. À medida que se tornam mais conscientes, os trabalhadores reconhecem que é necessário ter poder para alcançar qualquer conquista. Apelos à empatia ou direitos abstratos não

---

3 N. da E.: No original, "It's necessity in the class war".

4 N. da T.: *Lockout* é uma prática adotada por patrões durante conflitos trabalhistas onde eles impedem os trabalhadores de acessar o local de trabalho, geralmente como uma forma de pressioná-los a aceitar certas condições de trabalho ou para evitar uma greve. Diferente da greve, encabeçada por trabalhadores, ela é uma estratégia de negociação usada pelos patrões.

levarão a melhores condições por si só. Por exemplo, considere um estabelecimento industrial, como uma fábrica de seda, onde mulheres, homens e crianças trabalham dez horas por dia por um salário médio entre seis a sete dólares por semana. Poderiam eles, ou um sindicato que os representasse, convencer o patrão a oferecer melhores condições apelando à empatia, contando sobre a miséria, dificuldades e a pobreza de suas vidas? Ou poderiam fazer isso apelando ao próprio senso de justiça do patrão? Suponha que um trabalhador ou trabalhadora vá até ele e diga: "Eu produzo, enquanto pessoa assalariada nesta fábrica, uma quantidade de riqueza todos os dias, e a justiça exige que você me dê, no mínimo, metade". O patrão provavelmente os enviaria ao asilo psiquiátrico mais próximo. Ele o consideraria um criminoso perigoso demais para ser solto em comunidade! O patrão não é movido pela empatia nem pela justiça, mas sim pelo poder. Se um sindicato puder apresentar ao patrão o seguinte ultimato: "Nós representamos todos os homens e mulheres nesta fábrica. Eles estão organizados em um sindicato, assim como você está organizado em uma associação de fabricantes. Eles se reuniram e formularam, nesse sindicato, uma demanda por melhores condições de trabalho e salários. Não trabalharão um dia a mais se tais condições não forem atendidas. Dito de outro modo, como geradores de riqueza da fábrica, por meio da suspensão, vão obrigá-los, intencionalmente, a ceder às suas exigências". Esse tipo de ultimato, apresentado a um patrão, geralmente resulta em uma resposta completamente diferente: se o sindicato estiver bem organizado e conseguir cumprir sua ameaça, geralmente conseguem o que lágrimas e súplicas nunca poderiam ter conseguido.

 Acreditamos que a existência da luta de classes na sociedade se manifesta no poder econômico do patrão, de um lado, e no crescente poder econômico dos trabalhadores, do outro. Ambos se enfrentam em batalhas diretas de tempos em tempos, mas estão em um conflito contínuo e diário sobre quem ficará com a maior parte do produto do trabalho e a posse final dos meios de subsistência. O patrão deseja longas jornadas de trabalho, salários baixos, sem se preocupar com as condições sanitárias na fábrica, pensando apenas em manter baixo os custos de produção, enquanto o trabalhador, além de querer jornadas menores, maiores salários, está preocupado, independentemente do custo, em garantir ventilação, saneamento e iluminação que promovam o bem-estar. Sabotagem é na luta de classes o que a guerrilha é na batalha. A greve representa a batalha aberta na luta de classes, enquanto a sabotagem é a guerrilha, guerra dia após dia entre duas classes antagônicas.

FORMAS AMPLAS DE SABOTAGEM

A sabotagem foi adotada e reconhecida pela Confederação Geral do Trabalho da França em 1897 como uma estratégia de luta contra os patrões. No entanto, a sabotagem, como uma forma de defesa instintiva, existia muito antes da sua oficialização e reconhecimento por parte de qualquer organização trabalhista. Sabotagem significa, em primeiro lugar: **suspensão intencional da produtividade**. Desacelerar e interferir na quantidade, realizar um trabalho malfeito e comprometer a qualidade da produção capitalista, prestar um serviço ruim. Não é violência física, trata-se de um processo interno ao ambiente, articulada dentro das quatro paredes do local de trabalho. Essas três formas de sabotagem — afetar a qualidade, a quantidade e o serviço — têm o objetivo de impactar o lucro do patrão. É uma maneira de prejudicar o lucro dele com o propósito de forçá-lo a conceder determinadas condições, assim como fazem com as greves, que têm o mesmo objetivo. É simplesmente outra forma de coerção.

Existem muitas formas de interferir na produtividade, qualidade e quantidade da produção, motivadas por diversos motivos — tanto patrões quanto trabalhadores utilizam a sabotagem. Os patrões interferem na qualidade da produção, na quantidade produzida, no fornecimento e no tipo de mercadorias **com o objetivo de aumentar seus próprios lucros.** Mas essa forma de sabotagem, a sabotagem capitalista, é antissocial, pois visa o benefício de poucos às custas de muitos, enquanto a sabotagem da classe trabalhadora é evidentemente social, pois busca o benefício de muitos em detrimento de poucos.

A sabotagem da classe trabalhadora é dirigida diretamente ao "chefe" e aos seus lucros, na crença de que isso é a sua religião, seu sentimento, seu patriotismo. Tudo está centrado em seu bolso, e, ao atingir isso, estará atingindo o ponto mais vulnerável de todo o seu sistema moral e econômico.

BAIXA REMUNERAÇÃO, MENOS TRABALHO. "SEJA ESPERTO"[5]

A sabotagem direcionada à quantidade é uma prática muito antiga, conhecida pelos escoceses como "seja esperto" [*ca canny*]. Todos os trabalhadores conscientes já tentaram isso em algum momento, quando foram forçados a trabalhar excessivamente e por longas horas. Em 1889, os estivadores escoceses estiveram em greve, a qual foi perdida; no entanto, ao retornarem ao trabalho, enviaram uma circular a cada estivador na Escócia e, nessa circular, resumiram suas

---

5   N. da T.: "Seja esperto" [*Ca canny*] é uma expressão escocesa usada para descrever uma forma de resistência dos trabalhadores que consiste em reduzir, intencionalmente, o ritmo de trabalho para evitar a superexploração. Essa prática era uma estratégia comum entre operários, especialmente no final do século XIX e início do século XX, como forma de proteger seus empregos e condições de trabalho, reduzindo a produção sem parar completamente de trabalhar. Essa tática de sabotagem era uma maneira sutil de protestar contra as condições laborais adversas sem recorrer a greves abertas ou confrontos diretos. *Ca canny* é um termo sugestivo escocês para agir com astúcia e precaução, não se deixar explorar e ser inteligente em suas ações. A tradução "seja esperto" captura essa ideia de forma compreensível, indicando que a pessoa deve ser rápida e esperta em suas decisões, ajustando-se ao contexto de trabalho: remuneração baixa, menor esforço.

conclusões e experiências decorrentes da amarga derrota. O conteúdo era o seguinte: "Os patrões sempre elogiam os fura-greve destacando seu trabalho, dizendo o quanto são superiores a nós, pagaram pra eles o dobro do que pagam pra gente. Agora, ao voltar ao trabalho, decidimos que, já que esse é o tipo de trabalhador e de trabalho que eles preferem, faremos o mesmo. Deixaremos os barris de vinho passar pelos cais da mesma forma que os fura-greve fizeram. Faremos grandes caixas de artigos frágeis caírem no meio do cais. Faremos o trabalho com tanto desleixo, lentidão e destruição quanto fizeram. E veremos quanto tempo nossos patrões suportarão esse tipo de coisa". Após apenas alguns meses utilizando esse sistema de sabotagem, eles conseguiram conquistar tudo o que haviam tentado, sem sucesso, durante a greve. Essa foi a primeira declaração aberta de sabotagem em um país de língua inglesa.

Ouvi meu avô contar sobre um velho que começou a trabalhar na ferrovia, e o chefe perguntou:

– Bem, o que você pode fazer?
– Eu posso fazer quase tudo — respondeu ele, um companheiro grande e robusto.
– Bom, — disse o chefe — você sabe manejar uma picareta e uma pá?
– Ah, com certeza. Quanto você paga para esse trabalho?
– Um dólar por dia.
– Só isso? Bem, tá certo. Eu preciso muito do trabalho. Acho que vou aceitar.

Então, ele pegou sua picareta e começou a trabalhar com calma. Logo, o chefe apareceu e disse:

– Diga, você não consegue trabalhar mais rápido do que isso?

– Claro que posso.
– Então, por que não faz isso?
– Esse é o meu ritmo de um dólar por dia.
– Bom, — disse o chefe —, vamos ver como é o ritmo de um dólar e vinte e cinco centavos por dia.

Isso melhorou um pouco. Então o chefe disse: "Vamos ver como é o ritmo de um dólar e cinquenta centavos por dia". O homem demonstrou. "Isso estava ótimo", disse o chefe, "bem, talvez possamos definir como um dólar e cinquenta centavos o dia". O homem então mencionou que seu ritmo de dois dólares por dia era "impressionante". Assim, por meio dessa sabotagem instintiva, esse pobre e obscuro trabalhador ferroviário no Maine conseguiu um aumento de um dólar para dois dólares por dia. Lemos sobre grupos de trabalhadores italianos que, quando o chefe corta seus salários — geralmente um chefe irlandês ou americano que gosta de ganhar alguns dólares extras para si, então ele reduz o pagamento dos homens de vez em quando sem consultar o contratante e fica com a diferença. Um deles cortou o pagamento em 25 centavos por dia. No dia seguinte, ele foi ao trabalho e descobriu que a quantidade de terra removida havia diminuído consideravelmente. Ele fez algumas perguntas:

– O que está pegando?
– Eu entendo inglês não — nenhum deles queria falar.

Ele passou o dia todo tentando encontrar alguém que pudesse explicar o que estava errado. Finalmente, encontrou um homem que disse:

– Bem, chefe, você reduz a remuneração, a gente, o trabalho.

Essa era a mesma forma de sabotagem — diminuir a quantidade da produção proporcionalmente ao salário ganho. Havia um pregador indiano que ia para a universidade e complementava seus ganhos, pregando. Alguém o perguntou:

— *John, quanto você ganha?*
— *Ah, só recebo 200 dólares por ano.*
— *Caramba, isso é um péssimo salário, John.*
— *Bem, — respondeu ele — é uma péssima pregação!*

Isso ilustra a forma de sabotagem que estou descrevendo aqui, uma forma "seja esperto" de sabotagem, o *slogan* "vá com calma", ou "reduza o ritmo, não trabalhe tão duro". É uma inversão do lema da Federação Americana do Trabalho, aquela organização de trabalho "segura, sensata e conservadora". Eles acreditam em "um salário justo por um trabalho justo". A sabotagem é uma forma de trabalho injusto por um salário injusto. Uma tentativa dos trabalhadores de limitar sua produção em proporção à sua remuneração. Essa é uma forma de sabotagem.

INTERFERÊNCIA NA QUALIDADE DOS PRODUTOS

A segunda forma de sabotagem é interferir, intencionalmente, na qualidade dos produtos. Aprendemos muitas lições com nossos patrões, assim como aprendemos a limitar a quantidade de produção. Todo ano, na parte ocidental dos Estados Unidos, frutas e grãos são produzidos e nunca chegam ao mercado. Bananas e laranjas apodrecem no chão, e grandes quantidades de frutas são jogadas no oceano. Não porque as pessoas não precisem desses alimentos ou que não possam fazer um bom uso nas grandes cidades do leste, mas porque a classe patronal prefere destruir uma grande parte da produção para manter os preços elevados em cidades como Nova Iorque, Chicago, Baltimore e Boston. Se enviassem todas as bananas produzidas para o leste dos Estados Unidos, provavelmente estaríamos comprando três bananas por uma centavo. Mas, ao destruir uma grande quantidade, conseguem manter o preço de duas por cinco centavos. E isso se aplica a batatas, maçãs e muitos outros itens básicos necessários para a maioria das pessoas. No entanto, quando os trabalhadores tentam aplicar o mesmo princípio, a mesma teoria, a mesma tática que seus patrões, enfrentam todos os tipos de objeções morais sutis.

DICAS DE BOYD AOS ESCRAVIZADOS DA FÁBRICA DE SEDA

Com a qualidade é a mesma coisa. Consideremos o caso de Frederic Sumner Boyd, que deve despertar nosso profundo interesse, pois é evidente que ele está sendo transformado em "bode expiatório" pelas autoridades de Nova Jersey. Eles querem sangue, uma vítima. Se não conseguirem encontrar outra pessoa, estão determinados a fazer de Boyd o alvo, para servir a um duplo propósito: amedrontar os trabalhadores de Paterson, como acreditam poder fazer, e transformar a sabotagem em algo previsto nas leis, tornando ilegal a sua defesa ou prática. Boyd disse o seguinte: "Se você voltar ao trabalho e encontrar canalhas trabalhando ao seu lado, coloque um pouco de vinagre no pente do tear para impedir seu funcionamento". O prenderam com base na lei que proíbe a defesa da destruição de propriedade. Boyd aconselhou os tintureiros a entrar nas tinturarias e usar certos produtos químicos na coloração da seda que a tornem impossível de ser tecida. Isso soou horrível para a imprensa e péssimo perante o tribunal.. No entanto, o que nem os jornais nem os tribunais consideraram é que esses produtos químicos **já eram usados** na coloração da seda. Body não propõe algo novo, pois é algo já praticado em todas as tinturarias da cidade de Paterson, mas que é aplicada para beneficiar o patronato, não os trabalhadores.

"PONDERAÇÃO"[6] DE SEDA

Darei um exemplo ilustrativo do que quero dizer. Há setenta e cinco anos, quando a seda era tecida em tecido, o fio de seda era puro, tingido e tecido de forma a durar 50 anos. Sua avó poderia usá-lo como vestido de noiva. Sua mãe poderia usá-lo como vestido de noiva. E, se você tiver a sorte de se casar, poderia usá-lo também como vestido de noiva. No entanto, a seda que você compra hoje não é tingida de maneira pura nem tecida em um produto forte e duradouro. Uma libra de seda entra na casa de tingimento e, geralmente, saem de três a quinze libras. Ou seja, junto com o tingimento, há um processo adicional e desnecessário, que é muito pitorescamente chamado de "ponderação". Eles pesam a seda utilizando soluções de estanho, de zinco e de chumbo. Se você ler as revistas da *Silk Association of America*, encontrará orientações para os mestres tintureiros sobre quais sais são mais adequados para adicionar peso à ela. Encontrará anúncios — como o da *Ashley & Bailey* em Paterson, possivelmente reimpresso em *"The Masses"* de dezembro de 1913 — destacando um leiloeiro de fábricas de seda como possuindo equipamentos especializados para a ponderação da seda. Quando você compra um belo pedaço de seda hoje e manda fazer um vestido para

---

6 N. da T.: Ponderação de seda [*dynamiting*] refere-se ao processo de adicionar peso ao tecido de seda por meio de substâncias químicas, como sais metálicos. Esta prática visava aumentar o peso do tecido após o tingimento, dando-lhe uma aparência mais volumosa e valorizada. A tradução "ponderação de seda" é adotada por ser mais técnica e precisa, descrevendo diretamente o objetivo de aumentar o peso do tecido. O termo original *"dynamiting"* carrega uma conotação crítica, refletindo a artificialidade e potencial engano associados a essa prática na indústria têxtil.

ocasiões especiais, ao guardá-lo no armário e retirá-lo um tempo depois, percebe que ele está rachado nas pregas, ao longo da cintura e dos braços. Você acredita que foi enganado por um funcionário. Na verdade, o que aconteceu é que você pagou por seda, mas recebeu um tecido adulterado com latas velhas de zinco e chumbo e coisas desse tipo. O que você tem é um vestido decorado com seda, temperado com seda, mas adulterado a tal ponto que, se fosse adulterado mais um pouco, desmoronaria completamente.

O que Frederic Sumner Boyd recomendou aos trabalhadores foi, na prática, o seguinte: "Façam para vocês mesmos o que já estão fazendo para seus patrões. Coloquem todas essas substâncias na seda em prol de seus próprios propósitos, assim como estão colocando para os propósitos deles". Não consigo imaginar — nem mesmo em um tribunal de justiça — como eles poderiam traçar a linha tênue de diferença onde a sabotagem dos tintureiros é legal e a sabotagem dos trabalhadores é ilegal, sendo que ambas consistem exatamente na mesma coisa e a seda permanece inalterada. Ela continua lá. O tear também. Não há propriedade destruída pelo processo. A única coisa eliminada é a eficiência dos trabalhadores em ocultar essa adulteração da seda, em levá-la até o ponto em que possa ser tecida sem ser detectada. **Essa** eficiência é suprimida. O véu é rasgado da produção nas tinturarias e fábricas de seda, e os trabalhadores simplesmente dizem: "Vou largar isso aqui e mostrar para o que é. Vou expor o quão podre, o quão absolutamente inutilizável é a seda que estão passando para o público por dois ou três dólares o metro".

NÃO ADULTERAÇÃO E SUPER ADULTERAÇÃO

Agora, a forma de sabotagem de Boyd não era a mais perigosa. Se os juízes tivessem um pouco de imaginação, perceberiam que a sabotagem proposta por ele era bastante branda comparada com esta outra: suponha que ele tivesse dito aos tintureiros em Paterson, a um número suficiente deles, para afetar todas as tinturarias da cidade: "Em vez de adicionar esses produtos químicos para adulterar a seda, não os introduzam. Joguem o chumbo, o zinco e o estanho no esgoto e teçam a seda, bela, pura e durável, exatamente como ela é. Eles tingiam a seda, libra por libra, cem libras por cem libras". Os patrões teriam sido muito mais prejudicados por essa forma de sabotagem do que pela que Boyd propôs. Provavelmente, teriam preferido que ele fosse condenado à prisão perpétua em vez de sete anos, apenas. Dito de outra forma, defender a não-adulteração é muito mais perigoso para os interesses capitalistas do que defender a adulteração. A não-adulteração representa a forma mais elevada de sabotagem em lugares como as tinturarias de Paterson, padarias, confeitarias, frigoríficos, restaurantes e outros.

Interferir na qualidade, durabilidade ou utilidade de um produto pode ser ilustrado da seguinte forma: suponha que um leiteiro venha à sua casa todos os dias e entregue um litro de leite, sendo que esse litro de leite é na verdade metade água, com um pouco de giz e cola para engrossá--lo. Então, um motorista de leite que pertence a um sindicato faz essa entrega. O sindicato faz greve e não consegue conquistar melhores condições. Em seguida, eles abrem a torneira e deixam a água correr, de modo que a mistura se torna quatro partes de água e uma parte de leite. Você devolve o "leite" e faz uma reclamação. Ao mesmo tempo em que você faz essa reclamação e se recusa a usar o leite, centenas e milhares de outros farão o mesmo, e, ao atingir os interesses do consumidor, uma vez que conseguem melhores condições para si mesmos, também forçam os patrões a fornecer o produto puro. Essa forma de sabotagem é distintamente benéfica para o consumidor. Qualquer exposição de adulteração, qualquer super adulteração que torne o produto não consumível, é muito mais vantajosa para o consumidor do que um produto tratado e adulterado de forma que possa ser usado, mas que seja prejudicial para sua saúde ao mesmo tempo. Interferir na qualidade pode ser exemplificado nas cozinhas de hotéis e restaurantes. Lembro-me, durante a greve dos trabalhadores de hotéis, de relatos sobre grandes caldeirões de sopa que ficavam lá mês após mês sem nunca serem limpos, cobertos com verdete[7] e várias outras formas de crescimento de microorganismos. Muitas vezes, um rato ou camundongo caía na sopa, era retirado e jogado fora, e a sopa ainda assim era utilizada. Agora, pode alguém afirmar que, se os trabalhadores desses restaurantes, como um meio de atacar seus patrões, jogassem meio quilo de sal naquele caldeirão de sopa, você, como cliente ou consumidor, não estaria em uma situação muito melhor? Seria muito mais vantajoso que a sopa se tornasse inadequada para consumo do que deixá-la em um estado onde possa ser consumida, mas onde é continuamente prejudicial à saúde em maior ou menor grau. Destruir a utilidade dos produtos pode, às vezes, significar um benefício óbvio para aqueles que, de outra forma, poderiam usá-los.

PREJUDICANDO O ATENDIMENTO. SABOTAGEM DE "BOCA ABERTA"

Essa forma de sabotagem não é a forma mais extrema. O serviço também pode ser prejudicado, assim como a qualidade. Na Europa, isso é feito por meio do que é conhecido como "sabotagem de boca aberta". Na hotelaria e

---

7 N. da T.: "Verdete" refere-se à camada verde de ferrugem que se forma na superfície de metais, como cobre e suas ligas, quando expostos à umidade e ao ar. Composta principalmente por carbonato de cobre básico e outros sais de cobre, o verdete surge como resultado da corrosão e pode atuar como uma camada protetora que impede a deterioração adicional do metal subjacente.

restaurantes, por exemplo, pergunto se este juiz que condenou Boyd a sete anos de prisão acreditaria nessa forma de sabotagem. Suponha que ele entre em um restaurante e peça uma salada de lagosta, e pergunte ao garçom impecavelmente vestido, que está atrás da cadeira: "A salada de lagosta está boa"? O garçom responde: "Oh, sim, senhor, é a melhor da cidade". Isso seria agir como um bom trabalhador e cuidar dos interesses do patrão. Mas e se o garçom dissesse: "Não, senhor, é uma salada de lagosta estragada. É feita com pedaços que foram acumulados aqui nas últimas seis semanas", esse garçom estaria praticando sabotagem, ele que não tem interesse nos lucros do chefe, não se importa se o chefe vende salada de lagosta ou não. O juiz provavelmente consideraria isso uma forma clara de sabotagem. Os garçons em Nova Iorque eram cerca de 5 mil. Desses, aproximadamente mil eram militantes e confiáveis para uma greve. Apesar do seu número reduzido, essa pequena greve teve um impacto maior na cidade do que a greve de 200 mil trabalhadores da indústria de vestuário que estava ocorrendo simultaneamente. Embora não tenham conquistado grandes ganhos pessoais devido ao seu pequeno número, conseguiram demonstrar um considerável poder sobre os patrões, prejudicando os negócios. Por exemplo, eles elaboraram declarações e relataram as condições das cozinhas e despensas de hotéis e restaurantes em Nova Iorque. Descreveram como a manteiga nos pequenos pratos era enviada de volta para a cozinha, onde alguém retirava cinzas de cigarro, bitucas e fósforos com os dedos e jogava a manteiga de volta no estoque geral. Eles relataram que as toalhas de mesa usadas, possivelmente por pessoas com tuberculose ou sífilis, eram utilizadas para limpar os pratos na despensa. Contaram histórias tão nojentas que fariam você se sentir enjoado de tanto horror, sobre as condições no *Waldorf*, *Astor* e *Belmont*, ou em todos os grandes restaurantes e hotéis de Nova Iorque. Descobri que essa foi uma das maneiras mais eficazes de atingir o público, porque o "querido público" nunca é alcançado pela da simpatia. Fui convidada por uma senhora para falar em um clube aristocrático de mulheres no lado Oeste, um grupo que, sem mais nada para fazer, havia organizado esse clube. Você sabe — essa aristocracia de luvas brancas! Me pediram para falar sobre a greve dos trabalhadores de hotéis. Eu sabia que, na verdade, o que elas queriam era apenas ver que tipo de pessoa era um "agitador sindical". No entanto, vi ali uma oportunidade de dar visibilidade aos grevistas. Falei sobre as longas horas nas cozinhas quentes, sobre os fogões que fumegam e expelem vapor. Falei sobre o excesso de trabalho e a baixa remuneração dos garçons, e como eles precisavam depender da generosidade ou da embriaguez de algum cliente para receber uma boa gorjeta. Discorri sobre essas condições, e os ouvintes mantiveram expressões impassíveis, como se nada daquilo tivesse qualquer efeito sobre eles. Mas, quando comecei a descrever as condições das cozinhas, conforme me haviam contado os garçons e cozinheiros, vi um olhar de horror congelado em seus rostos. A descrição dessas condições parecia afetá-los profundamente. Eles se mostraram interessados quando comecei a falar sobre algo que afetava o estômago deles, algo que eu nunca teria conseguido por meio de apelos humanitários. Imediatamente começaram a redigir resoluções e a cancelar compromissos nos grandes hotéis, decidindo que seus clubes não deveriam mais se reunir lá. Isso causou uma grande agitação em torno de alguns dos principais hotéis de Nova Iorque. Quando os trabalhadores retornaram ao trabalho, após perceberem que essa era uma forma de atingir o patrão pelo estômago do público, não hesitaram em recorrer à sabotagem nas cozinhas. Se algum de vocês já tomou uma sopa intragável, excessivamente salgada ou apimentada demais, talvez isso tenha sido um sinal de que havia alguns rapazes na cozinha que queriam um aumento. No hotel *McAlpin*, o chefe dos garçons convocou os funcionários depois que a greve terminou em derrota, e disse:

"Caras, vocês podem ter o que quiserem, vamos lhes dar as horas, os salários, vamos lhes dar tudo, mas, pelo amor de Deus, parem com esse negócio de sabotagem na cozinha!". Dito de outro forma, o que não puderam conquistar pela greve, conseguiram atacando o paladar do público, tornando a comida incomível e, assim, obrigando o patrão a reconhecer o poder e a eficiência deles na cozinha.

SEGUINDO O "MANUAL DE REGRAS"

Outra forma de interferir no serviço pode ser, de outra maneira, seguindo rigorosamente as regras e cumprindo a lei de maneira absolutamente fiel. Às vezes, a lei pode ser quase tão inconveniente para o capitalista quanto para um agitador sindical. Por exemplo, em cada ferrovia, há um livro de regras, um pequeno manual que é dado a cada empregado, onde está descrito como o maquinista e o foguista devem examinar cada parte da locomotiva antes de retirá-la da oficina. O manual de regras descreve como o condutor deve percorrer todo o comprimento e a largura do trem, examinando cada peça de maquinaria para garantir que esteja em boas condições. Ele também especifica como o chefe de estação deve agir, o que o telégrafo deve fazer, e assim por diante. Tudo parece muito bom no pequeno livro. No entanto, se você comparar essas regras com o horário dos trens, perceberá como é absolutamente impossível cumprir todas as exigências. Para que serve tudo isso? Um acidente acontece: Um maquinista, exausto após trabalhar 36 horas, não vê um sinal na via, e muitas pessoas são mortas. O júri do legista se reúne para fixar a responsabilidade. E sobre quem ela recai? Sobre esse pobre maquinista que não seguiu o livro de regras! Ele é considerado responsável. A empresa, por sua vez, lava as mãos e diz: "Não somos responsáveis. Nosso empregado foi negligente.

Aqui estão as nossas regras". Com esse manual de regras, eles conseguem atribuir a responsabilidade de cada acidente a algum pobre coitado, como aquele maquinista que, após um acidente terrível, disse ao ser preso: "Sim, mas se eu não trouxesse o trem na hora certa, eu poderia ter perdido meu emprego sob a nova administração na ferrovia de *New Haven*". Esse manual de regras também existe na Europa. Em uma estação na França, ocorreu um acidente, e os chefes de estação, organizados no Sindicato dos Ferroviários, buscaram ação junto ao sindicato. O sindicato aconselhou: "A melhor coisa para vocês é voltar ao trabalho e obedecer a esse manual de regras à risca. Se essa é a única razão pela qual os acidentes acontecem, não teremos mais acidentes daqui para frente". Então, eles voltaram ao trabalho e, quando um passageiro chegava ao guichê de bilhetes e pedia um bilhete para determinado destino, e entregava um valor superior a tarifa, era informado: "Não posso lhe dar troco. No manual de regras diz que os passageiros devem ter o valor exato". Esse foi o primeiro caso. Após muito tumulto, os passageiros corriam atrás para conseguir o valor exato, recebiam seus bilhetes e embarcavam no trem. Então, quando o trem estava pronto para partir, o maquinista e o foguista o desciam e começavam a examinar cada parafuso e peça de mecanismo da locomotiva. O condutor desce e começa a examinar tudo. Os passageiros ficam inquietos. O trem permanece parado por cerca de uma hora e meia. Alguns passageiros começaram a sair do trem, mas foram recebidos na porta por um funcionário que disse: "Não, é contra as regras que você saia do trem, uma vez que já tenha embarcado, até chegar ao seu destino". Em três dias, o sistema ferroviário da França ficou tão completamente desorganizado que tiveram que exonerar esse chefe de estação em particular; a absurda aplicação do manual de regras foi tão evidente ao público que tiveram que reformar seu sistema de operação antes que o público pudesse voltar a confiar nas ferrovias.

O manual de regras não foi utilizado apenas para fins de exoneração, também foi usado como ferramenta de greve. Quando os trabalhadores falham em um batalha aberta, recorrem a esse sistema e conseguem vencer. Os trabalhadores ferroviários podem sabotar tanto em detrimento dos outros quanto em benefício próprio. Exemplo disso é o caso dos mineradores do Colorado, onde lemos que soldados foram enviados contra eles. Sabemos que soldados foram enviados **contra os mineradores** porque o primeiro ato da milícia foi desarmá-los, enquanto deixavam os guardas das minas, os capangas, com suas armas. Ludlow seguiu! O juiz O'Brien foi a Calumet, Mich., e disse aos mineradores — enquanto o presidente do sindicato, Sr. Moyer, estava à mesa como presidente — "rapazes, entreguem suas armas. É melhor que vocês sejam baleados do que atirarem em alguém". Embora a sabotagem não seja considerada violência, isso não significa que estou depreciando todas as formas de violência. Acredito, por exemplo, no caso de Michigan, Colorado, de Roosevelt, Nova Jersey, que os mineradores deveriam ter mantido suas armas, exercido seu "direito constitucional" de portar armas e, com ou sem milícia, recusado categoricamente a entregá-las até que vissem as armas dos capangas e dos guardas de minas do outro lado da estrada primeiro. E, mesmo assim, poderia ser uma boa precaução mantê-las em caso de perigo! Quando essa milícia foi enviada de Denver para o distrito de mineração, uma pequena equipe de trem fez algo sem precedentes na América, algo que causou um *frisson* até no trabalhador mais humilde. Se eu pudesse ter trabalhado por vinte anos apenas para testemunhar uma pequena faísca de esperança como essa, acredito que teria valido a pena. O trem estava cheio de soldados. O maquinista, o foguista e toda a equipe do trem saíram e disseram: "Não vamos conduzir este trem para transportar soldados contra nossos irmãos grevistas". Eles abandonaram o trem, que então foi operado por um detetive da *Baldwin* e um xerife auxiliar.

Poderia afirmar que esse não foi um caso em que a sabotagem foi absolutamente necessária?

PARALISANDO A MÁQUINA

Suponha que, quando o maquinista entrou em greve, ele tivesse levado uma parte vital da máquina consigo, sem a qual seria impossível para qualquer um operar aquela locomotiva. Nesse caso, a história poderia ter sido diferente. Os ferroviários possuem um poder imenso ao se recusarem a transportar soldados, fura-greves e munições para os distritos em greve. Eles fizeram isso na Itália. Quando os soldados embarcaram no trem, se recusaram a operá-lo. Os soldados acreditaram que poderiam conduzir o trem sozinhos. Quando partiram, o primeiro sinal que encontraram era de "perigo". Avançaram com muita cautela, e o próximo sinal também era de "perigo". Logo descobriram que alguns dos desvios tinham sido alterados e acabaram desviados para uma linha lateral no meio da floresta. Trabalhosamente, conseguiram retornar à linha principal. Chegaram a uma ponte móvel e a ponte estava aberta, o que os obrigou a atravessar em barcos e abandonar o trem. Isso significava que teriam que caminhar o resto do caminho. Quando chegaram ao distrito em greve, a greve já havia terminado. Soldados que foram forçados a caminhar não estão tão cheios de energia e tão dispostos a atirar em "dagoes"[8] ao chegarem a um distrito em greve, como estariam se estivessem viajando em um trem operado por trabalhadores sindicalizados.

Os ferroviários têm um poder imenso ao se recusar a operar trens e ao colocá-los em uma condição em que não possam ser conduzidos por outros. No entanto, para antecipar uma possível preocupação sobre o respeito à

---

8 N. da E.: O mesmo no original, "dagoes", é uma palavra de baixo calão utilizada historicamente para se referir às pessoas de origem mediterrânea.

vida humana, lembre-se de que, ao colocar os sinais de "perigo", o risco para a vida humana é mínimo, pois o trem precisa parar completamente. Quando removem uma parte vital do motor, o trem simplismente não funciona. Assim, a vida humana não está em perigo. Eles se concentram em dar um golpe decisivo para que o serviço fique paralisado a partir desse ponto.

Com as cargas, é claro, eles adotam uma abordagem diferente. Durante a greve dos ferroviários na França, transportaram a carga de forma que um grande trem de frutas finas e frescas foi desviado para uma das áreas mais pobres da França, onde foi deixado para apodrecer. No entanto, a carga nunca chegou ao ponto de completa deterioração ou destruição: geralmente, era cuidado pelas pessoas pobres daquela região. Algo que deveria ter sido enviado com urgência de Paris para Havre foi enviado para Marselha. Em pouco tempo, todo o sistema ferroviário ficou congestionado e desorganizado, a ponto de terem que dizer aos ferroviários: "Vocês são os únicos eficientes. Voltem. Aceitamos suas reivindicações. Mas operem nossas ferrovias".

"PUBLIQUE A VERDADE OU NÃO PUBLIQUE NADA"

O que é verdade para os trabalhadores ferroviários também se aplica aos trabalhadores dos jornais. É claro que é difícil imaginar um grupo mais conservador do que eles. Às vezes, você lê uma história no jornal que é tão flagrantemente falsa, tipo uma história sobre grevistas que plantaram dinamite em Lawrence, por exemplo (e que foi publicada em um jornal de Boston antes de a dinamite ser encontrada), ou uma história de como os trens da *Erie* foram "dinamitados" por grevistas em Paterson. No entanto, quem escreve essa história, quem que paga por essa história, os proprietários e editores não são os únicos responsáveis pela sua publicação? A notícia é impressa por impressores, compositores, tipógrafos, que pertencem à classe trabalhadora e são membros de sindicatos. Durante a greve geral sueca, os trabalhadores sindicalizados que operavam os jornais se rebelaram contra uma publicação falsa sobre seus colegas grevistas. Eles enviaram um ultimato aos gerentes dos jornais: "Ou vocês publicam a verdade ou não vão imprimir jornal nenhum". Os donos dos jornais decidiram que preferiam não imprimir jornal algum a publicar a verdade. Provavelmente, a maioria deles tomaria a mesma decisão aqui também. Os homens entraram em greve e o jornal foi publicado em uma pequena página, de dois por quatro, até que, eventualmente, perceberam que os tipógrafos os tinham pela garganta, pois não poderiam publicar nenhum jornal sem eles. Então, os chamaram de volta e disseram: "Uma parte do jornal será destinada aos grevistas, e eles poderão imprimir o que quiserem nela".

Mas outros tipógrafos conseguiram resultados semelhantes com a sabotagem. Em Copenhague, houve uma vez uma conferência de paz e, ao mesmo tempo, um circo na cidade. Os tipógrafos pediram aumento de salário e não obtiveram sucesso. Ficaram bastante irritados. A amargura no coração é um ótimo estímulo para a sabotagem. Então, disseram: "Tudo bem, continuaremos trabalhando, rapazes, mas faremos algo engraçado com este jornal para que eles não queiram imprimi-lo amanhã sob as mesmas circunstâncias". Eles pegaram a conferência de paz, onde uma pessoa muito importante faria um discurso sobre paz internacional, e colocaram o discurso desse homem nas notícias do circo. Reportaram o leão e o macaco como se estivessem fazendo discursos na conferência de paz e o Honorável Sr. Fulano de Tal realizando acrobacias no circo. Isso causou grande consternação e indignação na cidade. Os anunciantes, a conferência de paz e o circo protestaram. O circo se recusou a pagar sua conta de publicidade.

Eventualmente, isso custou ao jornal tanto quanto o aumento de salários teria custado, levando os proprietários a se aproximarem dos trabalhadores, figurativamente de joelhos, e pediram: "Por favor, comportem-se bem e daremos a vocês o que pedirem". Esse é o poder de um trabalhador consciente de interferir na produtividade industrial.

"USARAM A SABOTAGEM, MAS NÃO SABIAM NOMEÁ-LA"

A sabotagem é uma necessidade absoluta para o trabalhador. Portanto, é inútil discutir sua eficácia. Quando trabalhadores fazem algo instintivamente, continuamente, ano após ano e geração após geração, isso indica que essa estratégia tem um valor real para eles. Quando o discurso de Boyd foi feito em Paterson, imediatamente alguns dos socialistas correram para os jornais para protestar, chamando a atenção das autoridades para o fato de que o discurso havia sido feito. O secretário e o organizador do partido socialista repudiaram Boyd. Isso gerou uma discussão no comitê de greve sobre se discursos sobre sabotagem deveriam ser permitidos. Tentamos incutir nos grevistas a ideia de que qualquer tipo de discurso deveria ser permitido; que um socialista, um ministro, um padre; um membro da *I.W.W.*, um anarquista, qualquer um deveria ter o direito de falar. Tentamos fazer os grevistas entenderem: "Vocês têm inteligência suficiente para escolher por si mesmos. Se não têm, então nenhuma censura sobre suas reuniões será eficaz". Dessa forma, eles desenvolveram um espírito mais tolerante e não estavam inclinados a aceitar imediatamente a denúncia socialista contra a sabotagem. Eles realizaram uma sessão executiva, debateram o assunto, e isso foi o que aconteceu.

Um trabalhador disse: "Eu nunca tinha ouvido falar dessa coisa chamada sabotagem antes de o Sr. Boyd mencioná-la. Sei que, quando quero meio dia de folga e não me dão, eu deslizo a correia da máquina para que ela não funcione, e assim consigo meu meio dia de folga. Não sei se você chama isso de sabotagem, mas é o que eu faço". Outro disse: "Eu participei da greve dos tintureiros há onze anos e perdemos. Voltamos ao trabalho e havia aqueles fura-greves que quebraram nossa greve trabalhando lado a lado conosco. Estávamos irritados. Então, sempre que eles deviam misturar verde, nós fazíamos com que colocassem vermelho, ou quando deviam misturar azul, fazíamos com que colocassem verde. Logo perceberam que ser fura-greve era um negócio muito pouco lucrativo. Na próxima greve, eles se alinharam conosco. Não sei se você chama isso de sabotagem, mas funciona".

À medida que ouvimos os depoimentos, um membro após outro do comitê executivo admitiu que já tinha usado essa prática, mas "não sabia que era assim que se chamava"! Assim, no final, democratas, republicanos, socialistas, todos os membros da *I.W.W.s* do comitê votaram a favor de permitir discursos sobre sabotagem, pois seria ridículo não discutir na plataforma algo que já estavam praticando na fábrica.

Então, minha justificativa final para a sabotagem é seu uso constante pelos trabalhadores. A posição de palestrantes, organizadores, conferencistas e escritores que supostamente estão interessados no movimento trabalhista deve ser uma das duas. Se você se coloca em uma posição fora da classe trabalhadora e presume ditar a partir de algum plano intelectual "superior" o que eles devem fazer, será ignorado, pois logo você demonstrará que não é de nenhuma utilidade para eles. Acredito que a missão do bom propagandista é a seguinte: devemos observar o que os trabalhadores estão fazendo e tentar entender por que eles agem dessa forma; não dizer a eles se está certo ou errado, mas analisar a condição e ver se podemos entender melhor suas necessidades e, a partir disso, desenvolver uma teoria que seja de utilidade geral. O sindicalismo industrial e a sabotagem são teorias que nasceram de tais fatos e experiências. Nos colocar em uma posição de censura é nos alienar completamente da simpatia e utilidade com as próprias pessoas que supomos servir.

SABOTAGEM E "FIBRA MORAL"

A sabotagem é criticada com base no argumento de que ela destrói a fibra moral do indivíduo, seja lá o que isso signifique! A fibra moral do trabalhador! Aqui está um pobre trabalhador, que trabalha doze horas por dia, sete dias por semana, por dois dólares por dia nas fábricas de aço de Pittsburgh. Se, para ele, usar a sabotagem destruiria sua fibra moral, bem, se isso acontecer, então a fibra moral é a única coisa que ele possui. Em uma fase da sociedade onde os homens produzem um artigo completo, por exemplo, se um sapateiro pega um pedaço de couro cru, o corta, projeta, planeja os sapatos, faz cada parte dos sapatos e produz um produto acabado, isso representa para ele o que a peça de escultura representa para o artista. Existe alegria na habilidade manual, existe prazer no trabalho. Alguém pode acreditar que um/a trabalhador/a — de uma fábrica de sapatos, entre cem, cada um fazendo uma pequena parte do todo, parado diante de uma máquina e ouvindo o tic-tac o dia todo — sinta alguma alegria no seu trabalho ou algum orgulho no produto final? A pessoa trabalhadora de seda, por exemplo, pode produzir itens bonitos, como seda fina e cintilante. Quando é exposta na vitrine da *Altman's*, *Macy's* ou *Wanamaker's*, ela parece linda. No entanto, nunca tem a chance de usar um único metro dela. A produção de algo bonito, em vez de ser um prazer, torna-se uma constante fonte de agitação para o/a trabalhador/a. Cria-se algo belo na oficina e depois retornam para casa na pobreza, miséria e dificuldade, usando um vestido de algodão enquanto tecem a elegante seda para que algum suburbano em Nova Iorque use.

Eu me lembro de uma noite em que tivemos uma reunião com 5 mil crianças (nós as reunimos para discutir se deveria haver uma greve escolar, pois os professores não estavam dizendo a verdade sobre a greve, e decidimos que as crianças deveriam ouvir a verdade ou era melhor que elas não fossem à escola.) Eu perguntei: "Crianças, há alguma de vocês aqui que tem um vestido de seda na família? A mãe de alguém tem um vestido de seda"? Um pequeno menininho esfarrapado na frente levantou a mão e disse: "Sim, a mãe da gente tem um vestido de seda". Eu perguntei: "Onde ela o conseguiu"? — talvez uma pergunta um pouco indelicada, mas natural. "Meu pai estragou o tecido e teve que trazer para casa" — respondeu ele.

A única vez em que eles conseguem um vestido de seda é quando estragam a mercadoria de tal forma que ninguém mais queira usá-la: quando o vestido está tão arruinado que ninguém mais gostaria dele. Então, eles podem tê-lo. O trabalhador de seda sente orgulho em seu produto! Falar com essas pessoas sobre se orgulharem de seu trabalho é tão absurdo quanto falar com o varredor de rua sobre se orgulhar de seu trabalho, ou dizer ao homem que limpa o esgoto para se orgulhar de seu trabalho. Se fabricassem um item completo ou se o fizessem todos juntos em uma associação democrática e depois pudessem dispor da seda — se pudessem usar um pouco, se pudessem fazer alguns dos bonitos tons de salmão e azuis delicados em um vestido para si mesmos — haveria prazer em produzir seda. Mas, até que se elimine a subsunção salarial e a exploração do trabalho, é ridículo falar sobre destruir a fibra moral do indivíduo ao lhe dizer para destruir "seu próprio produto". Destruir seu próprio produto? Ele está destruindo o prazer de outra pessoa, a chance de outra pessoa de usar o produto que foi criado na servidão. Há outro argumento que diz: "se você usar essa coisa chamada sabotagem, vai desenvolver um espírito de hostilidade, de antagonismo contra todos na sociedade, se tornará sorrateiro e covarde. É algo traiçoeiro de se fazer". No entanto, quem usa sabotagem não está se beneficiando. Se ele estivesse cuidando apenas de si mesmo, nunca usaria sabotagem; seria muito mais fácil e seguro não fazer. Quando um homem recorre à sabotagem, geralmente o faz com a intenção de beneficiar o coletivo. E isso requer coragem. Requer individualidade. Cria no trabalhador algum respeito próprio e autoconfiança como produtor. Eu afirmo que a sabotagem, em vez de ser sorrateira e covarde, é uma ação aberta e corajosa. O patrão pode não ser notificado sobre isso pelos dos jornais, mas ele descobre rapidamente, do mesmo jeito. A mulher e o homem que empregam a sabotagem demonstram uma coragem que pode ser medida da seguinte forma: Quantos críticos fariam isso? Quantos de vocês, se estivessem dependendo de um emprego em uma cidade de seda como Paterson, arriscariam seus empregos para empregar a sabotagem? Se você fosse um maquinista em uma oficina de locomotivas e tivesse um bom emprego, quantos de vocês arriscariam isso para empregar a sabotagem? Considere isso e, então, terá o direito de chamar quem a usa de covarde — se puder.

LIMITANDO O EXCESSO DE OFERTA DE ESCRAVOS

Espero que os trabalhadores não apenas "sabotem" o suprimento de produtos, mas também o excesso de produtores. Na Europa, os sindicalistas têm promovido uma propaganda que ainda somos muito covardes para praticar nos Estados Unidos. Está contra a lei. Tudo está "contra a lei", uma vez que se torna grande o suficiente para que a lei tome conhecimento do que é o melhor para a classe trabalhadora. Se a sabotagem deve ser deixada de lado porque é considerada contra a lei, como sabemos que no próximo ano a liberdade de expressão, de reunião ou de imprensa não terá que ser deixada de lado também? Que algo esteja contra a lei não significa necessariamente que isso não seja bom. Às vezes, significa exatamente o contrário: algo muito bom para a classe trabalhadora usar contra os capitalistas. Na Europa, estão promovendo esse tipo de limitação produtiva, dizem: "Não vamos apenas limitar o produto na fábrica, mas limitar a reserva de produtores. Vamos limitar o exército industrial de reserva de trabalhadores no mercado". Mulheres e homens da classe trabalhadora na França, Itália e até mesmo na Alemanha estão afirmando: "Não vamos ter dez, doze e quatorze filhos para servir ao exército, à marinha, à fábrica e à mina. Teremos menos filhos, focando na qualidade em vez da quantidade como nosso ideal, que possam ser mais bem alimentados, mais bem vestidos, mais bem preparados mentalmente e se tornarem melhores combatentes para a revolução social". Embora não seja uma definição estritamente científica, gosto de considerar isso como indicativo do espírito que impulsiona a sabotagem. Certamente, é uma das formas mais vitais de guerra de classe, atingir as raízes do sistema capitalista limitando seu excesso de escravos em seu próprio benefício.

SABOTAGEM COMO MEDIDA DE GUERRA

Não apresentei uma tese rigidamente definida sobre sabotagem porque ela está em constante formação. Ela não é uma prática nitidamente definida. Ela é tão ampla e mutável quanto a indústria, tão flexível quanto a imaginação e as paixões humanas. A cada dia, trabalhadores e trabalhadoras estão descobrindo novas formas de sabotagem, e quanto mais forte for a sua imaginação rebelde, mais técnicas de sabotagem eles inventarão e desenvolverão. No entanto, a sabotagem não é uma arma permanente. Ela não será necessária uma vez que uma sociedade livre seja estabelecida. Ela é simplesmente uma medida de guerra e desaparecerá com a guerra, assim como a greve, o *lockout*, o policial, a metralhadora, o juiz com sua liminar e todas as diversas armas nos arsenais do capital e do trabalho desaparecerão com a chegada de uma sociedade livre. "E então", alguém pode perguntar, "não terá esse instinto de sabotagem se desenvolvido a ponto de um grupo de trabalhadores usar a sabotagem contra outro; por exemplo, os trabalhadores ferroviários se recusando a trabalhar para os mineiros a menos que recebam retornos exorbitantes pelo trabalho"? A diferença é a seguinte: quando você sabota um patrão, está sabotando alguém com quem você não é interdependente, com quem você não tem uma relação como membro da sociedade contribuindo para suas necessidades em troca da sua contribuição. Já ele é alguém que depende absolutamente dos trabalhadores. Enquanto isso, o minerador é uma unidade em uma sociedade onde alguém fornece o pão, as roupas, os sapatos, e onde ele dá seu produto em troca do produto de outra pessoa; seria suicida para ele assumir uma posição tirânica ou monopolística, exigindo tanto por seu produto que os outros poderiam excluí-lo de qualquer outra relação social e recusar-se a fazer tal acordo. Dito de outro modo, o minerador, o ferroviário, o padeiro está limitado em usar a sabotagem contra seus colegas de trabalho porque ele é interdependente deles, enquanto materialmente não é interdependente do patrão para seus meios de subsistência.

 Os trabalhadores não se deixarão desviar de seu propósito firme por objeções pueris. Para ele, isso não é um argumento, mas uma luta pela vida. Ele sabe que a liberdade virá apenas quando sua classe estiver disposta e corajosa o suficiente para lutar por ela. Ele conhece o risco, muito melhor do que nós. Sua escolha é entre a fome na servidão e a fome na batalha. Como um nadador exausto no mar, que pode afundar fácil e apaticamente no sono eterno, mas que luta para agarrar um pedaço de madeira à deriva, sofre, mas espera na dor — assim o/a trabalhador/a faz sua escolha. As preocupações e lágrimas de sua/seu companheira/o impulsionam a vestir sua armadura brilhante de poder industrial; os olhos brilhantes de seu filho refletem a luz do ideal e fortalecem sua determinação de arrancar as algemas do trabalho antes que aquela criança entre na arena da vida industrial; sua hombridade exige alguma rebeldia contra a humilhação diária e a exploração intolerável. Para eles, a sabotagem é uma espada brilhante. Ela perfura os centros nervosos do capitalismo, fere seus corações e estômagos, rasga as entranhas de seu sistema econômico. Ela está abrindo um caminho para a liberdade, para a facilidade na produção e no consumo.

Confiante em seus poderes, lança seu desafio aos dentes de seu patrão — Eu sou, eu fui e eu serei —

"Eu serei, e conduzirei as nações, o último de todos os seus exércitos a encontrar, até que em seus pescoços, cabeças e coroas, eu plante meus pés fortes e imbatíveis. Vingador, Libertador, Juiz, as batalhas vermelhas lançadas no meu caminho, estendo meu braço todo-poderoso até que ele revitalize o mundo".

Mulher discursando em uma súbita reunião no início da Grande Greve dos Trabalhadores do Vestuário de Chicago (EUA), 1910-1911. Coleção Digital Revolution's Newsstand. Foto: autoria desconhecida.

ENCONTRAR OS COMUNISTAS[1]

Elizabeth Gurley Flynn

---

1 N. da E.: Em 1946, o Partido Comunista dos EUA iniciava a Campanha de Construção do Partido, com o desejo de conquistar pelo menos 20 mil novos membros. Para isso, um dos meios elaborados foi a publicação do presente texto de Elizabeth Gurley Flynn em forma de panfleto. A propaganda política se dirigia aos veteranos, aos negros americanos, as mulheres e aos jovens trabalhadores. Na ocasião da difusão do texto, Flynn se referiu algumas vezes à instituição como "um partido político de vanguarda da classe trabalhadora, erguido para reunir aqueles que estão dispostos não apenas a lutar por benefícios cotidianos imediatos, tanto econômicos quanto políticos, mas também a coibir e controlar por meio da nacionalização e, eventualmente, abolir, por meio do socialismo, os tentáculos monopolista do capitalismo". Para referência ao original: Elizabeth Gurley Flynn, *Meet the communists* (Nova Iorque: Communist Party, U.S.A., 1946).

N. da T. A expressão original "meet the communists" foi traduzida como "encontrar os comunistas" em vez de "conheça os comunistas", embora "meet" seja convencionalmente traduzido como "conheça". A escolha de "encontrar" visa permanecer com a ambiguidade e a conotação mais ampla do termo em inglês. No texto de Elizabeth Gurley Flynn, "meet" não se refere apenas a um ato expositivo, de apresentação formal, mas também sugere uma ação (mais) direta e imediata de localização ou aproximação para com os comunistas. O verbo no infinitivo "encontrar" não só implica o ato de se deparar com alguém, mas também pode englobar a ideia de conhecer a partir do e com o encontro, ir ao encontro. Assim, a tradução reflete a busca por uma aproximação com a intenção de Flynn, que parece não ser apenas apresentar ou conhecer, mas também provocar um desejo de interação direta e engajada com o grupo mencionado. Esta escolha visa preservar a nuance e o impacto da expressão original no contexto em que é utilizada.

Todo dia, em todo lugar, os comunistas são notícias ao redor do mundo — na China, França, Coreia, Brasil, Itália, Bélgica e, claro, na União Soviética. Nomes de líderes comunistas famosos se tornaram manchetes conhecidas — Stalin, Tito, Duclos, Thorez, Mao Zedong, Togliatti, Pollitt, Dimitroff, Buck, Haldane, Prestes, Blas Roca, Gallacher, Pasionaria. As histórias sobre eles é a história do que está sendo feito.

COMUNISTAS SÃO NOTÍCIAS

Luís Carlos Prestes, líder comunista brasileiro, foi solto de uma prisão na qual havia sido detido pela ditadura de Vargas e agora assume o cargo de Senador. O Partido Comunista Italiano, que lutou, na clandestinidade, contra Mussolini por um quarto de século, agora conta com 1.708.000 membros e ocupa seu lugar no governo de coalizão.

Os comunistas chineses, com 1.210.000 membros, apoiam um governo de coalizão em uma área liberada da China, com uma população de 95.500.000 pessoas. O Partido Comunista Francês conta com 21 milhões de membros e recebeu cinco milhões de votos; 151 comunistas franceses foram eleitos membros da assembleia constituinte, e oito deles ocuparam o ministério francês, incluindo Maurice Thorez, secretário do Partido Comunista.

Stalin anuncia uma nova série de Planos Quinquenais soviéticos, destinados a reconstruir as áreas devastadas pela guerra e a retomar o desenvolvimento de todo o país, interrompido pela invasão nazista. Em Cuba, o Partido Comunista, com 151 mil membros, elegeu sete representantes e três senadores, além de ocupar a vice-presidência em ambos os corpos legislativos do país.

Há fortes partidos comunistas no Chile, na Colômbia e em outros países da América do Sul. Comunistas, tanto homens quanto mulheres, estão presentes em todos os governos recém-formados da Europa e na Ásia libertadas.

Nos países fascistas como Espanha, Portugal, Grécia e Argentina, os comunistas desempenham um papel de liderança no movimento antifascista. Na Índia, Egito, Indonésia, Coreia, Haiti, Porto Rico e Filipinas, os comunistas desses países estão entre os principais líderes na luta pela independência nacional.

COMUNISTAS NA VANGUARDA

Onde quer que haja lutas pela liberdade do povo, os comunistas estarão na vanguarda.

Os povos libertos, que recentemente emergiram dos horrores do fascismo, jamais esquecerão as advertências dos comunistas, tampouco seu heroísmo demonstrado quando essas advertências foram ignoradas. Recordam com carinho de Thaelmann, líder comunista alemão assassinado pelos nazistas. Também do editor comunista francês de *L'Humanité*, Gabriel Péri, cujas últimas palavras foram: *"Se tivesse que fazer tudo de novo, eu seguiria este caminho novamente!"*

Milhares de comunistas foram fuzilados, guilhotinados, espancados, mortos de fome e assassinados em prisões, campos de concentração e câmaras de tortura pelos nazistas cruéis. O sangue dos comunistas martirizados clama por vingança pelos povos sofridos cuja causa deram suas vidas. Os comunistas que sobreviveram à guerra e ao terror, que retornaram do exílio ou emergiram de uma morte em vida, agora são líderes confiáveis e reverenciados de seus povos. Esse é um resultado inevitável dos eventos do trágico período passado.

Desde o início, os comunistas alertaram o povo contra Hitler, Mussolini, Franco e os banqueiros internacionais e capitalistas conspiradores que os apoiavam. Mesmo quando a ameaça dessas figuras sinistras era minimizada, os comunistas enxergaram claramente os perigos que eles representavam. Mais tarde, advertiram contra a política de apaziguamento do fascismo, que sacrificava um país indefeso após o outro em sua voraz ganância — China, Espanha, Etiópia, Polônia, Tchecoslováquia, Áustria — até que toda a Europa fosse engolida por uma onda de terror. Os comunistas clamaram ao povo do mundo a reconhecer que apenas uma aliança forte e uma amizade duradoura com a União Soviética, o único país dos trabalhadores no mundo, poderiam derrotar a agressão fascista. Alertaram incessantemente em todos os países sobre traidores, quintas-colunas, pró-fascistas no governo e entre os "reis econômicos" — capitalistas conspiradores que desrespeitavam os direitos do povo e que preferiam Hitler à democracia. Além disso, também advertiram contra aqueles que queriam dividir o povo, fomentando a rivalidade entre grupos com a caça aos "vermelhos", a perseguição aos judeus, a repressão aos trabalhadores e a discriminação racial — estratégias cruéis e divisivas de Hitler.

OS COMUNISTAS ESTÃO CERTOS!

O povo na Europa aprendeu a verdade dos avisos comunistas por meio de desastres terríveis e angústias indescritíveis. Eles aprenderam, tanto em países como a França, onde não deram ouvidos, quanto em países como a Tchecoslováquia, onde não tiveram o poder de resistir, que os *comunistas estavam certos*.
Viram como comunistas se tornaram líderes corajosos da Resistência na França e dos Partisans na Itália, Grécia, Iugoslávia e Polônia. Testemunharam 75 mil comunistas conhecidos serem fuzilados como reféns pelos nazistas na França, que esperavam, com isso, quebrar a espinha dorsal do movimento de resistência francês. Hoje, o partido é honrado como "o Partido dos Executados".

Você acha que alguém como Hearst, Lindbergh, ou Coughlin poderia algum dia mudar os sentimentos de amor e devoção que o povo europeu sente hoje em relação aos comunistas de seus países? Vergonhosamente eles conseguem envenenar as mentes dos trabalhadores aqui na América contra nossos aliados. Em lugares onde as pessoas sofreram e lutaram com sangue e lágrimas, elas agora proclamam com firmeza a todos que ouvem: "*Os comunistas estão certos!*" É por isso que os comunistas são notícia em todo o mundo. Eles estão em destaque em todas as questões, e são notícias do povo.

Comunistas trabalham arduamente para construir novos governos populares e democráticos nos países libertados. Reis pró-fascistas não são recebidos com um "BEM--VINDO" na porta. Funcionários do governo e famílias ricas que se apropriaram de tudo o que puderam e fugiram, deixando o povo às duras consequências de sua traição, não são desejados nesses países. Traidores que se tornaram fantoches dos conquistadores — não apenas Quisling, Pétain, Laval, mas inúmeros outros — devem ser julgados como criminosos de guerra, e a exigência dos comunistas de que sejam executados ou presos é apoiada pelo povo. O programa comunista de ação imediata, que propõe a nacionalização dos grandes latifúndios, dos bancos e de todos os recursos e indústrias do país, recebe a mais entusiástica aprovação do povo em país após país.

"Por que devolver o poder a traidores que podem novamente se vender para uma nova leva de nazistas? Por que dar-lhes de volta os meios para governar e nos explorar?" pergunta o povo. Estão determinados a esmagar "os homens dos Trusts", para evitar o renascimento do fascismo. Eles ardentemente odeiam aqueles responsáveis pelo sangue, destruição e morte que assolaram cada família e devastaram seus países. O povo libertado nunca entregará o poder a tais mãos. Eles estão se afastando do capitalismo em direção a um novo tipo de democracia; sim, em direção ao Socialismo na Europa hoje.

O capitalismo, assim como o sistema que o precedeu — feudalismo, quando homens eram servos atrelados à terra —, tornou-se seu próprio coveiro. Foi julgado e considerado culpado de crimes inimagináveis em nossa geração, levando a humanidade à beira da extinção. Precisamos, na América, duplicar as experiências reais da Europa e da Ásia para compreendermos seu pensamento? Devemos ser mergulhados no fascismo e na guerra pelas políticas reacionárias dos "homens dos Trusts"? Independente da consciência plena dos americanos sobre isso, o fato é que já existem milhões de pessoas vivendo sob o Socialismo na União Soviética, e milhões a mais não sentem que seus filhos estão seguros sob o capitalismo. Eles não desejam mais o capitalismo como forma de vida.

O capitalismo explora o povo tanto em casa quanto nas colônias no exterior; gerando guerra, fascismo, pobreza, favelas, trabalho infantil, desemprego; provoca crises de depressão e paralisações de forma regular e inevitável; alimenta ódio racial e religioso e zomba das palavras Paz! Segurança! Felicidade! Irmandade!

Milhões de pessoas estão determinadas a transformar essas palavras em realidades para as crianças de amanhã, garantindo que elas estejam seguras dos estragos da guerra e dos crimes do fascismo. É por isso que eles confiam nos comunistas, que são lutadores militantes com fé no povo e esperança no futuro. É por isso que os comunistas estão se tornando fortes e invencíveis ao redor do mundo.

COMUNISTAS ESTÃO AQUI, TAMBÉM

Mas e os Estados Unidos — nosso próprio país, sede da classe capitalista mais poderosa do mundo hoje —, uma classe ousada, implacável, reacionária, predatória, imperialista de aproveitadores e exploradores? E a nossa classe capitalista monopolista americana — as sessenta famílias que possuem e controlam a vida econômica do nosso país — e que são odiadas e temidas pelo povo da Europa, Ásia e em todos os países vizinhos do Hemisfério Ocidental? Nós, o Partido Comunista Americano, lutamos contra o domínio deles tanto aqui quanto no exterior. Os comunistas são anti--fascistas, anti-imperialistas, anti-monopolistas, e defendem a limitação dos trustes, assim como em outros lugares.

Toda a história sórdida e desprezível da participação do capital monopolista americano no lançamento do nazismo e do fascismo — suas relações secretas com Hitler, Mussolini e Franco, de seus laços com cartéis europeus e de suas tentativas atuais de salvar os destroços do capitalismo europeu — ainda precisa ser totalmente revelada. A vergonhosa venda de armas e aviões americanos para Franco e a recusa da Grã-Bretanha e dos EUA em romper as relações diplomáticas e econômicas com a Espanha fascista, faz com que o povo espanhol clame em desespero: "Os britânicos e os americanos vão substituir Hitler e Mussolini como aliados de Franco para esmagar o povo espanhol?" O assassinato de antifascistas espanhóis por Franco, que lutaram na Resistência Francesa, despertou toda a França para exigir: "Cortem todas as relações com Franco!" Enquanto o fascismo persistir na Espanha e falharmos em ajudar a Espanha republicana, estaremos cultivando um terreno fértil para o fascismo.

A propaganda belicista ergue sua cabeça feia em nosso próprio país. "Teremos que lutar contra a União Soviética!" é o que se ouve. Não o fascista Franco, mas nosso bravo aliado, a União Soviética, é o alvo dos ataques aqui.

Em nossa política externa, na Conferência das Nações Unidas, a delegação americana não apenas apoiou passivamente o intimidador britânico Bevin, que ofendeu a União Soviética enquanto esta defendia os direitos dos "pequenos povos" do mundo, como também difamou os movimentos populares da Grécia, Indonésia e Iugoslávia.

A delegação americana empunhou seu próprio "Grande Porrete". Isso não foi em prol das novas democracias, das lutas dos povos colonizados pela independência, da necessidade de manter a paz mundial. Nenhuma frase sobre democracia e "boa vontade interna" pode ocultar o fato de que o imperialismo americano embarcou em um curso reacionário nos assuntos globais. Com o objetivo de dominar o mundo, o imperialismo americano utiliza sua grande riqueza e poder para chantagear os povos em todos os lugares. Observe sua política de "linha dura" com nosso grande aliado soviético. Veja seu comportamento na zona ocupada da Alemanha — onde resiste a cada passo em direção à desnazificação da Alemanha e à destruição das propriedades monopolistas dos industriais fascistas. Veja sua intervenção na China — onde usa a força de suas tropas armadas ao lado de Chiang Kai-shek para impedir a unificação democrática do país. Hoje, essas tropas permanecem para encorajar a camarilha reacionária do Kuomintang a sabotar e combater o pacto de unidade recém-concluído entre Kuomintang, Comunistas e Liga Democrática. Em todos os lugares — em todas as partes do mundo — o imperialismo americano se alinha com agrupamentos decadentes e antidemocráticos contra os novos objetivos democráticos dos povos, resultando disso um esgotamento do "reservatório de boa vontade" em relação aos EUA.

Pobres e desprovidos de recursos, países devastados pelo fascismo lutam para se reconstruir por seus próprios esforços, receosos de que a "ajuda" americana acabe concedendo aos capitalistas predatórios dos EUA hipotecas sobre seus países e impondo condições severas, enquanto procuram uma maneira de capturar o mundo em suas garras.

É PRECISO DESAFIAR O IMPERIALISMO AMERICANO

O povo americano tem o dever de desafiar cada passo dos Grandes Negócios em direção à dominação mundial. O que os Grandes Negócios fazem para apoiar o fascismo na

Espanha e na Grécia deveria ser motivo de grande preocupação para os americanos.

O que o capitalismo está fazendo aqui nos EUA conosco e com nossos filhos é um prenúncio de um possível desenvolvimento fascista. Basta uma olhada rápida ao redor. Veja a bagunça que o capitalismo fez em nosso país! As celebrações jubilosas do Dia da Vitória sobre o Japão (V-J Day) mal haviam terminado quando milhares de trabalhadores foram demitidos nas fábricas de guerra, estaleiros e indústrias. Embora haja um mercado para inúmeros bens que as pessoas realmente precisam, os principais empregadores não demonstraram grande pressa em avançar na reconversão. E por que deveriam, com enormes restituições de impostos à vista para cobrir todas as suas chamadas "perdas"?

Empanturrados com os lucros da guerra e salivando pelos presentes vindouros do Tio Sam (por exemplo, $149 milhões apenas para a U.S. Steel no próximo ano), entraram no que o Sr. Philip Murray, presidente do C.I.W., chamou corretamente de *"uma conspiração maligna"* — um plano para esmagar os sindicatos e destruir o controle de preços. A Associação Nacional dos Fabricantes anunciou uma campanha na imprensa e na rádio contra o controle de preços, custando um milhão de dólares. Eles estão interessados em aumentar os preços de tudo, *exceto da força de trabalho*, ou seja, dos salários.

Os trabalhadores se dedicaram a produzir bens para nossos combatentes, mantiveram sua "promessa de não fazer greve" mesmo sob grande provocação e com uma lista crescente de queixas não resolvidas. A recompensa agora é corte de salários, aumento de preços, injunções, e o espectro do desemprego. O veterano que retornou encontra uma recepção desanimadora — sem empregos, sem moradias, sem roupas e sem suporte adequado para garantir esses itens essenciais.

Pessoas negras — tanto soldados quanto civis — são ainda mais vergonhosamente segregados e discriminados do que antes da guerra, enfrentando segregação, discriminação, rebaixamento no emprego e violência. Dois irmãos negros, um soldado uniformizado e um veterano, foram brutalmente assassinados por um policial em Freeport, L.I. Um terceiro irmão, marinheiro da Marinha dos EUA, ficou gravemente ferido. Os jovens protestaram em um restaurante na estação de ônibus após terem o serviço negado. Em uma atmosfera de *stormtrooper* do Ku Klux Klan, um Grande Júri composto inteiramente por proprietários brancos inocentou o policial assassino, declarando: "Ele estava justificado em fazer o que fez". Esse mesmo espírito odioso animou o vergonhoso filibuster contra o Comitê de Práticas Justas de Emprego (F.E.P.C.), zombando de nosso governo representativo.

O Comitê Rankin ataca a liberdade de expressão nas ondas do rádio, propondo uma censura rigorosa aos radiodifusores. Bilbo, Eastland, Rankin e outros defensores do imposto eleitoral do Sul contaminam o Congresso com seus ataques vis contra judeus e negros.

MISÉRIA EM MEIO À ABUNDÂNCIA

Eleitores que ajudaram a eleger o falecido Presidente Roosevelt agora veem seu programa sendo sabotado pelas concessões da Administração Truman aos grandes negócios, pelo retorno à política de gangues e pela determinação deles de dominar o governo. O "Projeto de Lei Case" e outras propostas de leis anti-trabalhistas são audaciosamente apresentadas para sufocar os sindicatos. As conquistas obtidas pelos trabalhadores, a população negra e as mulheres durante a guerra estão sendo, agora, descartadas ou seriamente ameaçadas.

Esse é o novo mundo pelo qual sonharam o soldado corajoso na trincheira, a jovem esposa em casa, a operaria na fábrica de bombardeiros, o piloto negro durante a guerra? Havia um denominador comum de esperança que corria ao redor do mundo — como fio dourado de paz sob um céu ensolarado, segurança vinda da terra fértil e quente, e felicidade por meio do trabalho, da família e de uma vida plena. Tudo isso é possível. Este é um país belo e abundante, repleto de recursos naturais. Mas eles não pertencem ao povo. Pertencem aos Morgans, Rockefellers, Mellons, du Ponts e seus associados, com suas redes de diretorias interligadas — milhares de empresas, grandes e pequenas — incluindo ferrovias, minas, utilidades públicas (gás, eletricidade, telefonia, empresas de transporte), madeira, borracha, produtos químicos, aço, automóveis, lojas de departamentos, restaurantes, entretenimento, rádio, jornais e seguradoras. Existe um extremo grau de concentração e monopólio da propriedade dos recursos do país e de seu sistema industrial e financeiro nas mãos de um grupo numericamente pequeno. Também existe um grau extremo de desenvolvimento técnico e de eficiência industrial, assim como produtividade, nas grandes fábricas modernas, minas e ferrovias. *Mas eles não pertencem ao povo.*

A segurança e a saúde dos trabalhadores não são uma preocupação para os proprietários capitalistas da indústria. Dispositivos que economizam e substituem mão de obra, embora possam beneficiar a humanidade ao eliminar o trabalho árduo e pesado, acabam por privar os trabalhadores de seus empregos. Invenções ou melhorias nos processos de trabalho são deliberadamente suprimidas por motivos de lucro.

É possível produzir o suficiente para todos na América, uma abundância de alimentos, roupas, abrigo e meios de educação, entretenimento, viagem e recreação para todo o povo. "O paraíso na Terra" não é um sonho ocioso. A base material disso é a utilização plena da mão de obra, maquinário e materiais em uma produção socialista planejada e uma distribuição socializada. Devemos produzir para uso, não para lucro!

Hoje, não importa quanto é produzido, *nada disso pertence ao povo*. Se os produtos das fazendas e fábricas não puderem ser vendidos com um lucro substancial, são empilhados em armazéns e celeiros e deixados apodrecer. Temos "escassez" de meias, camisas masculinas e fraldas para bebês, enquanto há abundância desses itens guardados. Se nossos cientistas finalmente chegarem à Lua e um de seus habitantes descer para nos visitar, seria difícil explicar a ele um sistema tão insano!

Um pequeno grupo avarento, com rostos de granito e corações duros como pedra, condena milhões de trabalhadores a um salário de mera sobrevivência e lança milhões de americanos livres à fome. Podemos trabalhar, viver e sustentar nossas famílias apenas quando eles decidem que podemos. Quando eles balançam a cabeça, fábricas e minas fecham ou abrem. Isso é o livre empreendimento, sistema de lucro, propriedade privada: capitalismo. Esse sistema gerou guerra e mais guerra, fome e necessidade, desemprego e miséria, em meio a uma riqueza incalculável. Ele produziu aquela "vergonha do século XX" — o fascismo.

Isso não resolve nenhum problema para o bem-estar do povo. Por exemplo, como o capitalismo preserva o "grande lar americano"? Existem mais de *17 milhões de casas nos EUA hoje que não têm água corrente, toaletes privados ou banheiras*. Na metrópole líder do mundo, a cidade maravilhosa com seus arranha-céus brilhantes, *Nova Iorque, há 85 mil casas sem banheiros e 19 mil sem toaletes internos. Existem mil casas sem fornecimento de água a menos de quinze metros de distância e outras mil com apenas bombas manuais para água*. Isso é o que o capitalismo considera a santidade do lar para você.

Que um trabalhador capaz, disposto e ansioso para trabalhar esteja desempregado, que o fedor das favelas se espalhe pelas grandes cidades e que uma criança possa passar fome, isso deveria comprometer o direito do capitalismo à sua existência contínua.

Traduza isso para os termos da sua própria vida e experiência. Você está satisfeito?
Já se perguntou: Esse é o melhor dos mundos possíveis?
Já se perguntou o que pode fazer para ajudar a mudar essas condições? Temos certeza de que você já se questionou. Deixe-nos dizer o que você pode fazer.

CONHEÇA OS COMUNISTAS

Você pode se perguntar: "Os comunistas dizem as mesmas coisas em todo o mundo?"
Não se deixe enganar por essa conversa de "voz de Moscou" que a imprensa reacionária promove. É um só mundo, com as mesmas esperanças e sonhos, dores e preocupações, em toda parte. Um mais um é dois em qualquer idioma. Química, geografia, arte, música e esportes são internacionais. Recentemente, mulheres, jovens e sindicalistas realizaram congressos internacionais para discutir seus problemas comuns.
Certamente, podemos aprender com as experiências de outros países na América. Precisamos passar pelo fascismo na América para reconhecer a ameaça que ele representa e a importância de lutar contra ele? Precisamos passar pela agonia física e destruição material da ocupação fascista, ver nossas casas destruídas, nossas mulheres violadas, nossos judeus-americanos e católicos-americanos assassinados por causa de sua religião, nossos livros queimados, nossos sindicatos esmagados, nossas cidades saqueadas e nosso governo se tornar um estado fantoche? Precisamos passar por isso para entender que precisamos de um movimento sindical forte e de um Partido Comunista grande e ativo, para que o povo possa afirmar com segurança: "Isso não acontecerá aqui!"
Quem somos nós, os comunistas da América? Somos americanos — nascidos aqui e imigrantes; falamos todas as línguas; somos de todas as religiões; de todas as raças;

homens e mulheres; jovens e idosos. Somos mineiros, trabalhadores do aço, ferroviários, eletricistas, têxteis, trabalhadores de escritório, sindicalistas, agricultores, veteranos, profissionais, donas de casa, estudantes. Somos uma amostra da América — pessoas como você. Comunistas não são eremitas ou intelectuais distantes — gostamos de beisebol, vamos ao cinema, pescamos, trabalhamos no jardim, apreciamos um bom jantar de domingo, gostamos de roupas bonitas, curtimos uma boa piada, brincamos com as crianças — somos seres humanos normais. Falamos sobre as mesmas coisas que todo mundo fala. Mas, para nós, não é como na famosa história de Mark Twain sobre o clima — "Todo mundo fala sobre isso, mas ninguém faz nada a respeito!". Falamos sobre saúde, moradia, empregos, igualdade racial, sindicatos, votos, jornais, o preço da manteiga, a bomba atômica, mas não terminamos uma conversa balançando a cabeça com desânimo e deixando por isso mesmo. Sabemos que todas essas questões estão interligadas. Sabemos que algo pode ser feito. Não nos deixemos paralisar mentalmente por um mar de problemas não resolvidos. Agimos para liderar o povo na luta para resolver os problemas.

Os comunistas não têm interesses separados do povo, nenhum "interesse mesquinho" para defender. Ser comunista não é uma carreira. Qualquer pessoa egoísta ou egocêntrica, que não consiga pensar e agir coletivamente ou que não seja receptiva a críticas, é eventualmente excluída de nossas fileiras, independentemente de sua posição. "O maior bem para o maior número" é o conceito ético dos comunistas. Praticamos um nítido interesse próprio com uma vontade apaixonada de trabalhar altruisticamente, para que, ao libertar os trabalhadores da escravidão salarial, possamos libertar toda a humanidade da ganância e da tirania.

Como os comunistas são diferentes? Em sua intensa e fervorosa devoção a um propósito na vida que orienta e preenche seus dias e noites com *esforços em prol do povo, para eliminar toda exploração e opressão.* Os comunistas lutam incessantemente por todos os interesses imediatos e necessários do povo. Não há contradição entre ajudar a organizar melhor os sindicatos, lutar pela ampliação de plenos direitos democráticos para a população negra e outras atividades políticas gerais, e o objetivo final do socialismo será alcançado mais rapidamente por meio da solidariedade, da consciência de classe e do entendimento desenvolvido justamente nas lutas diárias das massas.

O QUE É SOCIALISMO?

Talvez você esteja se perguntando: "O que exatamente vocês, comunistas, querem dizer quando falam em socialismo?" Não é complicado. Queremos dizer um estágio avançado de desenvolvimento social que abolirá a propriedade privada dos meios de produção, que hoje pertencem a um pequeno grupo de capitalistas e são usados por eles para explorar o trabalho de milhões em benefício do seu próprio lucro. Por socialismo, entendemos a propriedade coletiva, pelo povo como um todo, de todos os meios de produção socialmente necessários (terra, recursos naturais, indústrias, ferrovias, bancos, comunicações, etc.) e a sua operação por meio de uma economia planejada que garantirá um suprimento amplo e uma distribuição equitativa de todos os bens e serviços para todo o povo. O socialismo não exclui a propriedade privada de bens pessoais; na verdade, a maioria de nós teria muito mais sob o socialismo do que temos agora. O socialismo nega o direito de usar qualquer poupança ou posses para explorar o trabalho dos outros. Sob o socialismo, o trabalho é o direito e o dever de todos os adultos aptos, de acordo com o princípio: Quem não trabalha, não come.

Sob o socialismo, como demonstrado na União Soviética, não há desemprego, nem o perigo das crises inevitáveis do capitalismo, como a "superprodução" acompanhada de subconsumo. Todos têm acesso a trabalho em condições saudáveis e seguras, e a riqueza pública cresce continuamente sob um plano econômico nacional. As condições materiais melhoram constantemente, proporcionando mais lazer, elevação do nível cultural e fortalecimento constante da capacidade defensiva (como a guerra demonstrou). Existe plena igualdade entre mulheres e homens em todas as esferas da vida econômica, política, cultural e social, assegurando os mesmos direitos para todos os cidadãos, independentemente de raça, cor ou origem nacional.

Nossa perspectiva de socialismo se torna cada vez mais clara e sua necessidade mais imperativa a cada dia que passa, à medida que a história revela as contradições, fraquezas e inadequações criminosas do capitalismo e seus terríveis resultados, tanto aqui quanto em outros lugares.

Após a trágica interrupção de uma guerra cruel e arduamente combatida, a União Soviética retoma suas tarefas gigantescas, primeiro para restaurar as áreas devastadas pela guerra, onde 25 milhões de pessoas ficaram desabrigadas, e, em segundo lugar, para alcançar e depois superar em muito seu nível pré-guerra na indústria e na agricultura. Joseph Stalin disse, em 9 de fevereiro: *"Além do fato de que, em um futuro muito próximo, o sistema de racionamento será abolido, atenção especial será dada à expansão da produção de bens para consumo em massa, à elevação do padrão de vida dos trabalhadores por meio de uma redução consistente e sistemática do custo de todos os bens, e à construção em larga escala de todos os tipos de institutos de pesquisa científica".*

Nos EUA, por outro lado, aumentos de preços, inflação e impostos fazem com que o recente ganho de 18,5 centavos por hora pelos trabalhadores da U.S. Steel seja apenas uma vitória em uma luta contínua. Como esquilos em uma gaiola, precisamos correr furiosamente para manter no mesmo lugar na América capitalista, enquanto os trabalhadores em um país socialista avançam calmamente para triplicar seus padrões de vida até 1965.

VOCÊ JÁ CONHECEU UM COMUNISTA?

Você já conheceu um comunista? Talvez você seja um comunista e não saiba disso. Todos nós já estivemos na mesma situação. Milhares de americanos estão assim hoje. Se tivéssemos a oportunidade de sentar e conversar amigavelmente, logo descobriríamos o quanto concordamos um com o outro. Isso acontece diariamente — seja conversando com taxistas, soldados em trens ou mulheres em ônibus —, raramente encontro discordância em questões fundamentais.

Talvez você esteja pensando: "Nada disso, irmã, eu não sou comunista! Só estou lendo isso porque o John me pediu. Faz bastante sentido nisso, mas eu não sou comunista!"

Bem, pelo menos agora você conheceu um comunista. Isso deve auxiliar a reconhecer o veneno mental do anticomunismo espalhado por Pegler, Hearst, Bilbo, Rankin e Coughlin. Muitas pessoas boas permitem que esses caçadores de comunistas as assustem e confundam. Suas mentes são influenciadas por concepções errôneas e mentiras descaradas propagadas por esses caçadores — como o pânico sobre espiões inventado recentemente por Drew Pearson. Suponha que um trabalhador britânico, francês ou italiano perguntasse a uma dessas pessoas, como muitos dos nossos soldados foram, sobre os comunistas americanos. Ele seria considerado politicamente analfabeto se gritasse: "Agentes de Moscou! Tentando derrubar nosso governo! Que eles voltem de onde vieram!"

Aliás, isso daria à maioria de nossos membros uma "viagem para ver a América" nos quatro cantos dos Estados Unidos, de onde eles vêm.

Descubra por conta própria o que é o Partido Comunista e o que ele faz. Leia nossos jornais, o *Daily Worker* e o *Sunday Worker*, e nossos livros e panfletos, como um antídoto contra o veneno dos caçadores de comunistas.

Aqui está uma grande notícia sobre o Partido Comunista dos norte-americanos que os venenosos pró-fascistas não vão gostar. No dia 15 de março, lançamos nossa Campanha de Construção do Partido de 1946. Nosso objetivo é relativamente modesto: *adicionar pelo menos 20 mil novos membros ao nosso Partido*. Você está pronto para ser um dos 20 mil? Não estamos direcionando nosso convite a uma lista cuidadosamente selecionada de possíveis membros, embora antecipemos que muitos com quem trabalhamos intimamente durante o período da guerra e desde então — em oficinas, sindicatos, campanhas políticas — são "naturais" para se juntar ao nosso Partido agora. Se você, leitor, pertence a esse grupo, tenho certeza de que tem um real respeito pelo nosso Partido e quer nos ajudar a construir um poderoso Partido Comunista. No entanto, estamos estendendo nosso convite muito além desses círculos imediatos.

Convidamos especialmente os veteranos que talvez nunca tenham tido contato conosco antes de seu alistamento, mas que, no exterior, conheceram comunistas e aprenderam a reconhecer sua coragem. Muitos soldados americanos estão procurando pelos comunistas aqui, pois os encontraram no Movimento de Resistência na França, nos Partisans da Itália e da Iugoslávia. Eles compartilharam sua comida com esses combatentes e, em muitos casos, soldados americanos devem sua vida a eles. Em uma viagem recente à Pensilvânia, ouvi de um trabalhador siderúrgico sobre seu filho, e de outro sobre seu irmão, ambos aviadores, que caíram em território inimigo e tiveram suas vidas salvas por Partisans Comunistas. Milhares de soldados retornados agora veem os comunistas de uma forma diferente. Recentemente voltei do Congresso Internacional de Mulheres em Paris em um transporte de tropas, e não encontrei um único soldado que estivesse surpreso ou chocado quando eu disse que tinha representado o Partido

Comunista. Em vez disso, eles imediatamente me fizeram inúmeras perguntas sobre as condições nos EUA, como se eu fosse uma autoridade no assunto. Eles não ficam surpresos ao encontrar os comunistas norte-americanos na linha de frente das lutas que os envolvem — por empregos, moradias, direitos dos militares e pela repatriação de nossos soldados de todos os países amigos. Nem os soldados no exterior, nem seus camaradas repatriados, nem suas famílias querem ver nossos exércitos atirando contra povos oprimidos na Índia, Indonésia ou China. Nossas forças de ocupação pertencem apenas à Alemanha e ao Japão. A luta militar acabou. O trabalho dos soldados, como combatentes, está concluído. Nossas tropas não devem ser usadas para policiar pessoas que ontem as receberam como libertadores e hoje as veem como agentes do imperialismo americano. Queremos nossos soldados de volta — como cidadãos privados — na fábrica, na linha de piquete, na cabine de votação, e os recebemos nas fileiras do Partido Comunista para continuar a luta contra o fascismo na frente interna.

APELO À POPULAÇÃO NEGRA

Estamos convidando especialmente os negros norte-americanos, homens e mulheres, que estão profunda e justamente indignados contra a segregação, discriminação, linchamentos e violência — tanto no Norte quanto no Sul. Eles encontrarão seus esforços para erradicar o Jim Crow e alcançar a plena democracia alinhados com os ideais de todos os comunistas. O Partido Comunista é categoricamente contra todos os conceitos de supremacia branca, como parte da mesma ideologia bárbara que gerou a supremacia ariana fascista e o anti-semitismo. Estamos lutando pelos plenos direitos dos negros norte-americanos, e todas as nossas atividades passadas demonstram esse compromisso. Primeiro nos tornamos conhecidos pelo povo negro por meio do caso Scottsboro e da luta para libertar Angelo

Herndon. Qualquer ilusão de que a vitória na guerra automaticamente traria os direitos iguais completos para os americanos negros se revelou uma ilusão passageira. Os soldados negros lutaram e morreram com bravura. O hisórico da 92ª Divisão brilha como exemplo de heroísmo. As mulheres negras serviram como enfermeiras do WACS, trabalhadoras da Cruz Vermelha e contribuíram fielmente em todas as indústrias de guerra. Marinheiros negros ajudaram a "manter os navios navegando" e muitos foram mortos por ataques de submarinos. Nomes como de Dorie Miller, Capitão Mulzac, Sra. Bethune, Ferdinand Smith, entre outros, estão associados ao esforço de guerra americana. A América capitalista diz aos cidadãos negros: "Voltem para a cozinha, voltem aos trabalhos de porteiros, voltem aos trabalhos não qualificados, mal pagos, sobrecarregados, sujos e servil; voltem para as plantações, voltem para o cultivo compartilhado. Coloquem seus chapéus de empregada, coloquem os macacões remendados, deixem de lado seus diplomas, uniformes elegantes, fitas de serviço, medalhas, cartões de sindicato (vocês estão fora — os últimos a serem contratados, os primeiros a serem demitidos); esqueçam as quatro liberdades, "mantenham seu lugar" — na parte de trás do ônibus, com um sanduíche na bolsa, atentos ao aviso: "Somente para brancos", mantenham a boca fechada se não quiserem ser mortos. Não há Postos da Legião Americana no Sul para os soldados negros e Postos Jim Crow separados no Norte. Não tentem votar, soldados no Sul, se valorizarem suas vidas!"

O Partido Comunista combate todas essas práticas vergonhosas de Jim Crow — tanto no Norte como no Sul. Quando um Bilbo espuma pela boca e grita "Comunista" para todos que lutam pelos direitos dos negros, consideramos isso um elogio. A unidade de trabalhadores negros, brancos e de todas as outras pessoas amantes da liberdade é um dos principais objetivos do Partido Comunista — solidariedade para erradicar essa vergonha fascista em nosso país.

Planejamos dobrar a adesão ao nosso Partido no Sul durante esta próxima campanha, fortalecendo assim nosso trabalho nessa direção. Temos muito orgulho do nosso líder — negro, Benjamin J. Davis Jr. —, que é um dos nossos dois conselheiros comunistas na cidade de Nova Iorque, uma cidade que supera em população muitos países. Peter V. Cacchione, do Brooklyn, é o outro, um veterano da última guerra, um líder das manifestações dos desempregados dos dias de Hoover, um militante firme pelos interesses do povo em todas as questões.

MULHERES TAMBÉM PERTENCEM AO PARTIDO COMUNISTA

Estendemos nosso convite a todas as mulheres nos sindicatos, nas fileiras do povo negro, assim como às esposas e mães nas fazendas e nos lares das cidades. As mulheres são atormentadas pelo alto custo de vida, pela escassez artificial de necessidades, pela necessidade de creches e pelo medo do desemprego, seja do marido ou dela mesma. As mulheres anseiam por paz e segurança para a família. Elas são um grupo político muito decisivo em todos os países avançados, incluindo o nosso. As mulheres lutaram em todos os países ocupados e continuam lutando contra o fascismo hoje, na Espanha, Portugal, Grécia e Argentina. Milhões de mulheres trabalharam nas indústrias de guerra na Grã-Bretanha, na União Soviética e na América, para fornecer armas para nossas tropas. Nós, comunistas, insistimos no direito das mulheres de trabalhar, de ter igual prioridade, remuneração e proteção adequada no trabalho. As mulheres testemunharam os horrores ou ouviram os relatos angustiantes do que o fascismo fez às crianças — assassinatos em massa deliberados de milhares, visando destruir os futuros cidadãos da Europa; fome, tortura, afetando seu crescimento, estabilidade emocional e mental. Trazer um mundo onde todas as crianças estejam seguras, saudáveis e felizes é o desejo das mulheres na Europa hoje. É por isso que milhões delas votam nos comunistas na Europa. As mulheres daqui também precisam do Partido Comunista para ajudar a moldar eventos políticos de modo que a paz seja mantida, para que nossos filhos não sejam chamados a sofrer outra guerra ainda mais terrível e sangrenta, ou para que as mulheres não sejam degradadas ao nível de gado, como aconteceu sob o fascismo.

UMA MANEIRA DOS JOVENS CONSTRUÍREM UMA VIDA COM PROPÓSITO

Estendemos nosso convite à juventude, cujas vidas foram cruelmente interrompidas pela guerra, cujas aspirações são frustradas e cujos planos para uma carreira nas artes, profissões e ciências são interrompidos pela pobreza, cujo sucesso é alcançado somente à custa da submissão ao comercialismo, enquanto suas melhores esperanças e mais nobres ambições são sufocadas na luta desgastante pela sobrevivência sob o capitalismo. Oferecemos à juventude uma vida com propósito — uma oportunidade de ajudar a construir um novo e livre mundo socialista. Onde, exceto na União Soviética, a juventude hoje tem a chance de desenvolver sua inteligência, habilidades, competências e devoção a ideais? O socialismo é a realização dos sonhos mais nobres da juventude. "Nosso Partido sempre será um Partido da Juventude!", disse Lenin.

A juventude comunista entrou com entusiasmo na luta militar contra o fascismo. Não apenas milhares de nossos jovens membros do Partido Comunista Americano lutaram no exército, marinha e nas forças aéreas, mas já em 1936, mais de 2 mil foram para a Espanha para lutar ao lado dos

Lealistas. Os homens da Brigada Abraham Lincoln e da Brigada Mackenzie-Papineau, do Canadá, foram *os primeiros americanos a derramar seu sangue no solo europeu lutando contra Hitler, Mussolini — e seu aliado, Franco.* Eles foram os precursores do grande exército americano da vitória. Os nomes dos jovens comunistas que deram suas vidas pela Espanha Republicana — Dave Doran, Milton Herndon, Joe Dallet, Harry Hines, Joe Bianco, Wilfred Mendelsohn — serão adicionados às listas dos heróis americanos, incluindo muitos comunistas, como Ben Gardner e Herman Boettscher, que também lutaram na Espanha, além de Henry Forbes, organizador do Partido na Pensilvânia Ocidental, e muitos outros. O Presidente do nosso Partido Comunista em Nova Iorque hoje é o ex-Sargento Bob Thompson, condecorado com a Cruz de Serviço Distinto por "extraordinária bravura" no Front do Pacífico, e que também é veterano da Brigada Abraham Lincoln.

Mas, acima de todos, *estamos convidando os trabalhadores (o que inclui negros, mulheres, veteranos e jovens, é claro) a se juntarem ao nosso Partido.* Nossa principal concentração nesta campanha por novos comunistas está entre os trabalhadores. A classe trabalhadora é o núcleo vivo, o coração e a alma de qualquer nação. Ela é a classe mais avançada da sociedade. Os sindicalistas são o elemento mais avançado e consciente dentro da classe trabalhadora, e os comunistas são os membros mais politicamente avançados dentro dos sindicatos, porque *"eles têm a vantagem de compreender claramente a linha de marcha, as condições e os resultados gerais finais do movimento proletário"*, como Karl Marx e Friedrich Engels escreveram há quase um século.

Um Partido Comunista não pode funcionar sem uma base ampla, profunda e sólida de membros da classe trabalhadora. Os comunistas se unem a todos os trabalhadores progressistas em cada demanda imediata para proteger os padrões estabelecidos de trabalho e de vida pelos sindicatos e para melhorá-los. Estiveram na vanguarda da organização dos não organizados, defendendo o direito à greve e de piquete para negociação coletiva, entre outros. William Z. Foster, presidente do Partido Comunista, tem um histórico de mais de 50 anos como organizador sindical, líder de greves e pioneiro dos sindicatos industriais. Muitos sindicalistas progressistas aprenderam com os comunistas a defender os direitos dos negros, a lutar contra uma política externa imperialista, etc. Às vezes, sindicalistas questionam: "Por que eu deveria me filiar ao Partido? Qual é a diferença entre mim e um sindicalista comunista?" É uma pergunta importante pois surge da noção equivocada de que o sindicato é completamente autossuficiente ou de que os sindicatos e um partido político da classe trabalhadora são idênticos. Primeiro, é aquilo que William Z. Foster caracterizou muito bem como o "deserto estéril do sindicalismo", a segunda é o que Marx advertiu: "empilhar o Partido e os sindicatos em um só monte". Essas duas falácias se mostraram extremamente prejudiciais nas etapas do movimento trabalhista, tanto na Europa quanto na América.

É fundamental que os sindicalistas e comunistas de uma nova geração se familiarizem com a luta teórica que ocorreu ao longo de várias décadas — recomendo a leitura de *From Bryan to Stalin*, de William Z. Foster, para entender seus aspectos americanos. Os sindicatos são organizações de massa, baseadas no apoio mútuo e na identidade de interesses econômicos, com o objetivo de controlar as condições sob as quais os trabalhadores vendem sua força de trabalho. Mesmo o trabalhador menos avançado deve ser membro de um sindicato para proteger seus próprios interesses. O principal campo de atuação sindical é o local de trabalho.

No entanto, muitas das demandas de nossos sindicatos têm caráter político, e é essencial que um sindicato atue no campo político para conquistá-las. A C.I.O., aproveitando todas as experiências passadas do movimento trabalhista, não busca ser um partido político em si mesma, mas reconhece a grande importância da ação política e o poder decisivo que os sindicalistas, como cidadãos votantes, podem exercer. É evidente que os interesses econômicos e políticos dos trabalhadores estão entrelaçados e são inseparáveis e é por isso que precisamos tanto de organizações econômicas quanto de um partido político inter-relacionado, mas não idêntico.

UM PARTIDO DE VANGUARDA

O Partido Comunista é um partido político vanguardista da classe trabalhadora, que reúne aqueles que estão dispostos não a para lutar por ganhos imediatos — tanto econômicos quanto políticos —, mas também para controlar e restringir, por meio da nacionalização, e eventualmente abolir, por meio do Socialismo, a influência do capitalismo monopolista. À medida que as lutas se intensificam, aqui como em outros lugares, um número maior de trabalhadores militantes está se tornando comunista. Cada luta os aproxima mais do poder econômico e político dos trustes e do programa comunista. A classe trabalhadora americana é tradicionalmente militante: não devemos esquecer Homestead, West Virginia, Colorado, Gastonia, Lawrence e Paterson, que marcaram a luta por direitos no passado.

Com milhões de trabalhadores envolvidos nas maiores greves que este país já testemunhou, os trustes de bilhões de dólares recentemente viram suas enormes fábricas prostradas — mortas em um cemitério. Somente o trabalho poderia devolver-lhes a vida. Esta é a maior demonstração de solidariedade trabalhista, o *front* mais unido e articulado que o trabalho jamais apresentou. O trabalho organizado é significativamente mais forte hoje, tanto numérica quanto politicamente, além de contar com conceitos de poder mais sólidos do que após a última guerra. O apoio da comunidade, dos cidadãos e dos agricultores aos grevistas, assim como a participação ativa dos veteranos retornados nas linhas de piquete — *ao lado do trabalho* — eram impensáveis há poucas décadas.

O trabalho organizado é uma força a ser considerada na América de hoje, capaz de adotar uma postura ofensiva no campo político para complementar a defesa de suas lutas por salários e greves. Apesar de sua força e ambição em dominar o mundo, os capitalistas americanos temem a maré crescente do movimento popular.

Nós, comunistas, temos a mais profunda confiança nos trabalhadores, em sua militância, honestidade e coragem. Despertamos neles não apenas um ódio ardente pela exploração, mas um forte senso do seu próprio poder, do seu destino histórico de libertar a si mesmos e a toda a humanidade de todas as formas de opressão. Precisamos de mais trabalhadores com consciência comunista para ajudar seus companheiros a superar fraquezas, preconceitos e noções ultrapassadas — bem como a influência da classe capitalista sobre seu pensamento. Precisamos de mais trabalhadores comunistas para ajudar a educar e organizar seus colegas na luta por todas as suas necessidades imediatas e para o estabelecimento definitivo do Socialismo. Se você, caro leitor, é um dos trabalhadores militantes e progressistas que pertencem naturalmente às fileiras dos comunistas, eu o exorto a responder ao nosso apelo.

Podemos, nós, americanos, permitir que fiquemos para trás enquanto o resto do mundo avança? Junte-se a nós agora para conter o poder dos trustes. Vamos nos proteger e ajudar os povos de outras terras, desarmando esses inimigos da democracia e do progresso! Vamos limitar seu poder de ditar condições econômicas, políticas e sociais fascistas aqui e em outros lugares!

Vamos responder ao belicista Tory Churchill, que clamou por uma guerra contra a terra do Socialismo. Também devemos responder ao presidente Truman por seu novo ataque contra a unidade do Big Three ao patrocinar o indecoroso apelo de Churchill para a guerra contra o nosso bravo aliado — a União Soviética. Vamos mobilizar o povo da América contra uma Terceira Guerra Mundial voltada contra a União Soviética, que visa preservar um império britânico em ruínas e para inaugurar uma América fascista.

Vamos acertar as contas com todos os inimigos da humanidade em nossa época, para que nossos filhos possam desfrutar de uma existência feliz e livre. Você está pronto para continuar as tradições de Debs, Haywood, Ruthenberg? Está pronto para agir, em memória de Tom Mooney, Joe Hill, Sacco e Vanzetti, Frank Little, Centralia, as vítimas de Everett, os Molly Maguires, os mártires de Haymarket, Fanny Sellins, Ella May Wiggins, e todos os heróis do trabalho?

JUNTE-SE AO PARTIDO COMUNISTA

Você está pronto para se juntar à causa do povo contra o capitalismo? Se sim, então você está pronto para se juntar ao Partido Comunista!

> *"Ergam-se como leões após o sono,*
> *Em número invencível,*
> *Sacudam suas correntes na terra,*
> *como orvalho,*
> *Que no sono caíram sobre vocês,*
> *Vocês são muitos — eles são poucos."*

Assim cantou o poeta Shelley há muito tempo.

Mineradores de carvão, trabalhadores da siderurgia, do empacotamento, marítimos, do setor de borracha, madeireiros, têxteis, ferroviários; trabalhadores da indústria automotiva, aeronáutica, elétrica e de rádio, calçadistas, e de equipamentos agrícolas: convidamos todos vocês a se juntarem ao Partido Comunista. Temos orgulho do nosso

Partido e precisamos de trabalhadores combativos como vocês para aprofundar seus laços com o povo. O mundo é difícil! Mas homens e mulheres como você são fortes o suficiente para enfrentar as tempestades que estão por vir. Venham, é uma vida repleta de luta e camaradagem, de altos propósitos e grandes ideais. Está pronto? ENTÃO, junte-se ao Partido Comunista.

Comitê de Mulheres do Partido Socialista de Brownsville, Texas (EUA), marchando na manifestação do Primeiro de Maio, de 1914, de Nova Iorque. Foto: autoria desconhecida.

POSFÁCIO
Sobre canções e garotas rebeldes
Letícia Parks

Um violão *folk* e um banjo *bluegrass* acompanham uma icônica voz *country*. O dedilhado animado do banjo nos leva imediatamente a um cenário estadunidense dos filmes dos anos 1910, talvez 1920. Imaginamos os vestidos acinturados, saias longas, pescoços semicobertos, cabelos quase totalmente presos em coques levemente soltos. A letra é cantada quase sem pausa, como uma crônica declamada em ritmo, numa voz anasalada cheia de vibratos, similar àquelas que eram puxadas nos grandes salões operários, transmitindo pela oralidade histórias incríveis de heroísmo e coragem. Nessa, a personagem, uma "garota rebelde", pode ser vista de ponta a ponta do país. Ela, que é da classe trabalhadora, "a força desse mundo", vai por todos esses lados "lutando por você e por mim". De Joe Hill, a música *country* de fevereiro de 1915 conta a história dessa jovem mulher, diferente das "rainhas e princesas de sangue azul", que "vestem as roupas mais finas". Ela, uma membra da classe trabalhadora, tem suas mãos endurecidas pelo trabalho duro, veste um vestido simples, mas tem dentro de seu peito um coração que bate com verdade para os de sua classe e de seu tipo.

Joe Hill, membro do Industrial Workers of the World (IWW), compôs a canção como parte de uma visão de que "criamos uma união sindical que é um tipo de animal estranho de uma perna só". Para ele, faltavam as mulheres, sem as quais o sindicato estaria eternamente incompleto e que também haviam sido, até então, negligenciadas pelo grupo.[1] Para ele, a música deveria servir como uma forma de trazer mulheres para o sindicato, as quais eram "mais exploradas que os homens".[2] Hill manteve, até sua execução ainda em 1915, frequentes trocas de cartas com Elizabeth Gurley Flynn, a quem ele dedicou a canção. Ela, ao intitular sua

---

1 Ver William M. Adler, "New trial for burst", em *The man who never died: the life, times, and legacy of Joe Hill, american labor icon* (EUA: Bloomsbury USA, 2011).

2 Ibidem: os trechos citados são de uma carta de Joe Hill ao editor da revista *Solidarity*.

autobiografia, escolheu, portanto, utilizar homonimamente o título da música de Hill: *Rebel girl*.

Pesquisando para esse *posfácio*, me dei conta de que outras personagens da mesma geração têm sua biografia vinculada à música, suspeitando que Hill a tivesse criado em homenagem a algumas mulheres, como Katie Phar e Agnes Fair. Phar começa a participar do IWW levada por seus pais durante as reuniões operárias. Ela rapidamente foi apelidada de *songbird*, pela sua voz doce e encantadora, na qual performava, junto de outras crianças, as canções de Hill, com quem, com apenas dez anos de idade, Hill mantinha correspondência já preso, às vésperas de sua execução. Para Senteara Orwig, as músicas de Hill são espécies de colas que permitiam a presença e permanência das famílias operárias no IWW, uma "cultura operária fortalecida pela música", explica a autora.[3] Nas correspondências entre Hill e Phar, fica evidente a bela relação de amizade entre um músico, podado do direito à arte, e uma jovem, apaixonada pela música e pelo ativismo, disposta a ser a expressão musical do amigo fora da prisão. Quinze anos depois, com Hill já assassinado, Katie Phar tem seu nome citado em um jornal do IWW de Seattle, qual ela teria aberto a reunião com uma canção, aos 31 anos de idade.

Agnes Fair, cuja trajetória carece de mais evidências históricas, foi também uma ativista do IWW em Portland, onde por diversas vezes foi levada à prisão pela sua participação em manifestações. Em um dos eventos, Fair é violentada sexualmente por policiais dentro da prisão, uma denúncia que ela corajosamente faz ao jornal do IWW. Ela sai da detenção bastante abalada, fortemente adoecida, e acreditando que a doença a atrapalharia na sua atividade política. Em fevereiro de 1917 comete suicídio ao se lançar

---

[3] Ver Senteara Orwig, *The songbird and the martyr: Katie Phar, Joe Hill, and the songs of the IWW* (EUA: Seattle General Strike, arquivo recuperado em 2019). Para ler, acesse: https://depts.washington.edu/labhist/strike/songbird.shtml.

diante de um bonde no centro da cidade. Centenas de obituários homenageiam Fair nesse momento, descrevendo sua incansável atividade política em favor das crianças operárias, dos trabalhadores com maiores necessidades e da organização do sindicato entre mulheres.[4]

Apesar de sabermos que a canção homenageia Flynn, é preciso analisar o motivo de haver outras mulheres lembradas a partir de *Rebel girl*. Ao não dizer na sua letra um nome, a canção de Hill enuncia um silêncio que chega aos dias de hoje: as mulheres participaram da luta comunista e revolucionária dentro de muitas tendências políticas e filosóficas ao longo de todos os séculos que marcam a luta pela superação da sociedade socialista. Muitas de nós, entretanto, passamos pela história como anônimas, e mesmo quando assinamos panfletos, livros, dirigimos greves impressionantes, nossos nomes terminam esquecidos, seja pelo interesse burguês de ocultar as histórias de luta contra o capitalismo ou pelo peso do patriarcado, esse ingrediente fundamental da ideologia burguesa que percorre também nossa classe e dificulta que o protagonismo de mulheres como Flynn, Fair ou Phar seja rememorado. A história do ponto de vista da burguesia é construída buscando nos convencer de que sempre aceitamos as relações de produção da forma como são, e que mulheres aceitaram seu lugar dentro dos lares, como meras espectadoras da realidade social, reprodutoras de jovens crianças ou cuidadoras dos idosos, espécies de coadjuvantes da vida de outro alguém.

O resgate do papel cumprido por Gurley Flynn cumpre uma função didática, no melhor dos sentidos. Construam essa cena: em 1913, uma jovem estadunidense de apenas 23 anos proferia discursos e publicava uma sequência de

---

4 Ver Hellraisers Journal, Portland (Oregon, EUA), 13 fev. 1917. Editado como "Agnes Thecla Fair, Hobo Poet and 'The Good Angel of Labor', Memorialized by Alfred D. Cridge", em *We never forget: the labor martyrs project*, 13 fev. 2017, disponível em: https://weneverforget.org/hellraisers-journal-agnes-thecla-fair-hobo-poet-and-the-good-angel-of-labor-memorialized-by-alfred-d-cridge/.

panfletos políticos nos quais reivindicava a luta de classes e buscava atentar para a necessidade da classe trabalhadora se organizar em sindicatos. Cinco anos antes, aos 17, ela se vincularia ao IWW, uma organização conhecida por seus métodos radicais e uma pluralidade de tendências políticas, que iam desde o socialismo ao anarquismo. Sua trajetória incluiria a participação em mais três outras organizações operárias, uma das quais ela fundou, e terminaria com sua vinculação ao Partido Comunista em 1936. Em todas as organizações em que esteve, ela advogou em nome dos direitos das mulheres ao voto, a escolha sobre a maternidade e aos direitos reprodutivos. Também lutou pela liberdade de expressão de socialistas e comunistas perseguidos pela sequência de governos anticomunistas. A própria Flynn é presa diversas vezes, seja por participação em ações de greve, seja pela militância comunista, alvo de perseguições duríssimas em meio às ondas do que se acostumou chamar de "ameaça vermelha". Com audácia revolucionária, Flynn chama os presídios femininos de bordéis, nos quais policiais realizavam suas vontades sexuais com dura violência contra os corpos de operárias, militantes e ativistas.

Imaginar a vida dessa mulher nos faz editar a versão da história da luta de classes que talvez habite nossa mente. Em 1884, Friedrich Engels publicava a *Origem da família, da propriedade privada e do Estado*, uma obra que pela primeira vez reunia uma poderosa denúncia da violência patriarcal, que havia transformado mulheres em verdadeiras escravas dos homens de posses — aqueles que precisavam impedir a liberdade sexual feminina para garantir a herança exclusiva aos seus filhos de sangue. É impossível acreditar na versão pacificadora da história da mulher na sociedade de classes. Sempre que foi feito escravo, o ser humano encontrou formas de ser diametralmente rebelde, conduzido obviamente pelas condições materiais de sua época. Enquanto esposas e escravas de patriarcas da Grécia Antiga, mulheres se rebelaram usando venenos, organizaram boicotes aos seus senhores ou mesmo cometeram suicídio. Enquanto escravizadas nas Américas, queimaram plantações, forjaram cartas falsas de alforria, organizaram quilombos e fugas de pequeno e grande porte, mataram seus senhores e senhoras, mataram os próprios filhos. Para algumas, apesar da imensa dor do luto de uma criança, a dor da continuidade da escravidão era maior. Logo, quando encontraram a forma de unir sua luta por liberdade à força da classe trabalhadora organizada, milhões de mulheres o fizeram, nos quatro cantos do mundo, tornando a rebeldia uma experiência coletiva.

A função didática da história de Flynn começa na libertação de nossa imaginação histórica, mas continua nas possibilidades do que podemos imaginar para o nosso presente e nosso futuro. O que podemos fazer de nossa trajetória de vida, diante de uma aguda crise capitalista que, nesse momento, inaugura novas guerras e tenta varrer o povo palestino do planeta? Qual a versão contemporânea da dedicação incansável à militância operária desde os 17 anos de idade? Podemos, apesar das campanhas capitalistas pelo individualismo empreendedor, dedicar nossa existência à luta coletiva, à organização de uma classe trabalhadora que, como escreveu Hill e cantaram as crianças do IWW, é a "força desse mundo", e perceber, como essas mulheres, que nossos problemas e dramas apenas podem ser superados por meio da classe. Podemos negar esse falacioso pessimismo do fim do mundo e preparar nossa classe para recuperar as espécies perdidas, recompor a flora e a fauna, converter a produção energética e oferecer um caminho para o planeta que, nas mãos dos capitalistas, tende à eclosão.

Imaginar é o primeiro passo, que se completa quando elaboramos estratégia, quando traçamos um plano de como transformar essas possibilidades em realidade. Em uma de minhas aulas, uma jovem estudante de 13 anos explicou ao seu colega o motivo de estudarmos história: "É o jeito da gente evitar que a gente faça as coisas erradas de novo".

Na geração de Flynn, o socialismo e o comunismo foram perseguidos por grandes líderes mundiais do capitalismo porque mostravam na União Soviética (URSS), entre outras inovações impressionantes, a concretização de aspectos da liberdade feminina. Mulheres como Alexandra Kollontai, Clara Zetkin, Inessa Armand, Natália Sedova, ao lado de seus camaradas bolcheviques, elaboraram uma audaz política para a família que legalizou o aborto pela primeira vez, facilitou o divórcio e implementou medidas para libertar as mulheres da prisão do trabalho doméstico, socializando a alimentação, as lavanderias, o cuidado das crianças. Alguns dos países capitalistas mais avançados levaram décadas para fazer o que, em 1919, a classe operária no comando da URSS pode realizar. Mas, como explicava aquela jovem de 13 anos, é preciso não repetir as coisas erradas. A partir da direção stalinista da URSS, esses direitos foram revogados, as tarefas domésticas foram rapidamente relegadas ao lar, as mulheres se tornaram mais uma vez trabalhadoras isoladas dentro de suas casas e "grandes mães" de mais de dez filhos premiadas pelo Estado, o que reforçou a infame ideologia do papel de cuidado para as mulheres.

Flynn se vinculou em 1936 a esse partido, que nos EUA se via também stalinizado. O brilhantismo de Flynn não se empalidece por essa vinculação, pelo contrário. Há, também, uma didática na análise da vida real, da forma como foi preenchida de contradições, traços de heroísmo, erros, acertos, vacilos, golpes de coragem. As revolucionárias foram pessoas de verdade, como você e eu. Não precisamos, para seguir a lição de minha aluna, privar os personagens históricos de sua configuração esférica. Flynn foi quem foi, uma mulher rebelde, cujas palavras presentes nesse livro enaltecem a importância da luta de classes e condenam qualquer aliança com a direita e a burguesia.

Pode haver aquela e aquele que, diante dessa trajetória, busque seu sentido para um público brasileiro. Enquanto *Rebel girl* e outras canções operárias figuram entre as que eternizam a vida de mulheres como Flynn e forjam essa cultura operária de rebeldia e luta, no Brasil temos incontáveis personagens operárias, rebeldes, lutadoras, eternizadas nas cantigas da capoeira e do samba, ritmos que serviram de acolhimento e organização política clandestina de nossa classe operária em formação. Substituindo o banjo pelo cavaco, o violão *folk* pelo violão popular, com vozes melódicas e graves, arrastamos pela história oral os feitos de Zumbi, Dandara, Luiza Mahin — figuras míticas, representantes de um ideal de mulheres rebeldes. Cantamos Marias e Joãos, anônimas e anônimos que colocaram tudo de pé e que, todos os dias, continuam colocando, e que seguem vivo o sonho por liberdade, talvez em busca de constituir as formas de uma estratégia que possa nos ajudar a superar as burocracias que paralisam nossos sindicatos e mantêm nossas lutas separadas, como se não coubessem em nossas assembleias a luta por justiça por nossos filhos assassinados ou pelo fim da violência patriarcal.

Flynn e sua geração de feministas socialistas nos provocam também a essa imaginação sobre o nosso presente, uma unificação de nossa classe, com seus métodos de luta operária, em nome de superar as dores vividas pelos mais oprimidos, pelas mulheres, negros, LGBTQIAP+. Flynn não foi, assim como suas contemporâneas, uma pacificadora. Lançou suas críticas ao reformismo e às ilusões de melhorias do sistema capitalista, balbuciadas até hoje por partidos como o Partido dos Trabalhadores, que no Brasil sempre governou pela audácia em tentar nos convencer a mesclar nossos interesses com os dos patrões e capitalistas. Ela foi clara: seus panfletos não são para os que acreditam que é possível conciliar nossos interesses aos deles.

Pensando nessas e outras ideias ofertadas publicamente por Flynn, faz sentido continuar a música de Hill talvez com os nossos instrumentos e a nossa voz, ou uma mistura de todos, e cantar que "tenho orgulho de lutar pela liberdade com uma garota rebelde".

Impasse entre milícia com baionetas e grevistas desarmados, ocorrido durante a Greve Têxtil de Lawrence, Massachusetts (EUA), em 1912. Coleção de Fotografias do Centro de História de Lawrence. Domínio Público. Foto: autoria desconhecida.

EDIÇÃO
Autoria, tradução, colaborações e agradecimentos

Elizabeth Gurley Flynn nasceu em 1890, em Concordia (EUA), e faleceu em 1964, em Moscou (URSS). Aos dezesseis anos, seis anos após ter chegado em Nova Iorque com sua família, formada por pais trabalhadores socialistas, ela proferiu seu primeiro discurso público, que ficou conhecido pelo título "O que o socialismo fará para as mulheres", durante uma inquieta reunião no Clube Socialista do Harlem. Neste mesmo ano, Elizabeth foi expulsa da escola pública que estudava e, desde então, não somente acumulou mais de trinta panfletos políticos escritos aos trabalhadores, às mulheres e aos comunistas, também foi detida muitas vezes, sem nunca ter sido condenada por nenhum crime, como também atuou em diversas paralizações fabris, greves sindicais, manifestações públicas, sabotagens ao tempo de trabalho e às máquinas, revoltas, motins e insurreições nos EUA como na URSS. No ano seguinte, em 1907, adentrou o conhecido Industrial Workers of the World [Trabalhadores Industriais do Mundo], importante sindicato internacionalista fundado em 1905, em Chicago (EUA), se tornando rapidamente uma de suas maiores organizadoras, em tempo integral. Durante seu legado na IWW, foi detida e presa por aproximadamente dez vezes, até que em um acordo de confissão, em 1916, foi expulsa da organização. Não tardou e pouco tempo depois, em 1920, fundou o American Civil Liberties Union [União Americana de Liberdades Civis], no qual Flynn desenvolveu mais largamente suas concepções e ideias radicais voltadas aos direitos das mulheres. Foi somente dezesseis anos após a fundação da ACLU que ela se formalizou no Partido Comunista dos EUA, tendo se tornado sua presidente em 1961. E foi em uma de suas visitas a União Soviética que, aos 74 anos, ela faleceu, com um enorme funeral realizado na famosa Praça Vermelha de Moscou, com a presença estimada de pelo menos 25 mil pessoas.

Bruno da Silva Amorim é assistente social e psicanalista em formação. Integra a escola livre Bibliopreta, na qual colabora com iniciativas voltadas para educação popular, formação de arquivos e produção editorial de livros.

Doantídoto (ou simplesmente "Antídoto") é professor, artista, historiador, músico e educador brasileiro. Mais conhecido por seus vídeos que misturam arte, educação e política e foram assistidos por dezenas de milhares de pessoas em suas plataformas *online*, usa esse pseudônimo para manter o anonimato e uma vida pessoal tranquila. Viciado em estudos, tem formação em História, Literatura, Teoria do Conhecimento e Artes Visuais. Além de fazer vídeos, atua profissionalmente como professor de escola e músico.

Letícia Parks é professora do ensino básico, formada em Letras pela USP e pesquisadora em História. Milita no MRT e no grupo de mulheres e diversidades Pão e Rosas. É organizadora dos livros *A revolução e o negro* (2019) e *Mulheres negras e marxismo* (2021), publicados pela Editora Iskra.

Agradecemos o historiador e educador Juliano, Doantídoto, por apresentar, em fevereiro de 2022, o texto que dá nome ao título deste livro e por manter-se sempre disposto a compartilhar da edição do livro, até a sua finalização.

Além disso, a editora agradece o designer gráfico Cristo pelo oferecimento das ideias de arte de capa deste livro: ela foi concebida inicialmente pelo designer, mas não pôde ser utilizada por motivos que excedem a edição. Portanto, seguindo as concepções tipológicas e organizações simbólicas do autor, intentou-se manter os princípios ideológicos antecessores para compor a presente arte, com a crença no respeito e na admiração ao trabalho do artista.

SABOTAGEM:
ENCONTRAR OS COMUNISTAS
Elizabeth Gurley Flynn

AUTORIA Elizabeth Gurley Flynn
EDIÇÃO Leonardo Araujo Beserra
APRESENTAÇÃO Doantídoto
POSFÁCIO Letícia Parks
TRADUÇÃO Bruno da Silva Amorim
REVISÃO Lia Urbini
DESIGN CAPA E DIAGRAMAÇÃO Leonardo Araujo Beserra
PROJETO GRÁFICO MIOLO Namibia Chroma Estúdio

GLAC edições
COORDENAÇÃO EDITORIAL Leonardo Araujo Beserra
COMUNICAÇÃO Cris Ambrósio
COMERCIAL Marcos Augusto Souza

TÍTULOS ORIGINAIS Sabotage — the conscious withdrawal of the workers' industrial efficiency & Meet the communists

© Elizabeth Gurley Flynn, Industrial Workers of the World Publishing Bureal, 1915, e Communist Party of U.S.A., 1946

© GLAC edições, junho de 2025
Praça Dom José Gaspar, 76, conj. 83, Edifício Biblioteca, Centro, São Paulo – SP, 01047-010 • glacedicoes@gmail.com

---

Dados Internacionais de Catalogação na Publicação (CIP) de acordo com ISBD

F648s   Flynn, Elizabeth Gurley

Sabotagem: encontrar os comunistas / Elizabeth Gurley Flynn ; traduzido por Bruno da Silva Amorim. - São Paulo : GLAC edições, 2025.
96 p. : il. ; 14cm x 21cm. – (Sujeito Inconfessável)

Tradução de: "Sabotage: The Conscious Withdrawal of the Workers' Industrial Efficiency" & "Meet the Communists"
Inclui índice e anexo.

ISBN: 978-65-86598-30-8

1. História do Movimento Trabalhista. 2. Luta de Classes. 3. Socialismo e Comunismo. 4. Sabotagem como tática política. 5. Fascismo e Antifascismo. 6. Direitos dos Trabalhadores. 7. Pensamento Revolucionário. 8. Ativismo Político no Século XX. 9. Feminismo Socialista. 10. Sindicalismo Revolucionário. 11. Militância e Organização Política. 12. Resistência Anticapitalista. 13. Biografias Políticas - Mulheres Militantes Guerrilha e Estratégias de Insurgência. 14. Repressão Política e Liberdades Civis. 15. História do Comunismo nos EUA. 16. Internacionalismo Proletário. 17. Elizabeth Gurley Flynn – Obra e Legado. 18. Panfletos Políticos Históricos. 19. Encontros e Personagens da História Comunista. I. Amorim, Bruno   CDD 320.532
2025-2526   da Silva. II. Título. III. Série.   CDU 321.74

Elaborado por Vagner Rodolfo da Silva - CRB-8/9410

Índice para catálogo sistemático:
1. Socialismo e Comunismo 320.532
2. Socialismo e Comunismo 321.74

Este livro foi impresso nos papéis Pólen Bold 90gr (miolo) e Supremo LD 250gr (capa), nas fontes Arial, Times New Roman e Anton em junho de 2025 pela gráfica Graphium.

#SujeitoInconfessável

Segurar um livro pode parecer prazeroso, mas, no caso dos inconfessáveis, a materialidade das páginas e da capa competem com a densidade dos textos que recebem. Uma lixa que, com o tempo, torna áspera as mãos de quem se deixa levar pelas linhas de uma história de luta e resistência, fazendo do corpo um meio de realização de uma utopia cada vez mais latente e desejada, principalmente nos momentos em que a subalternidade faz calar os gritos de guerra, as canções de trabalho e as articulações de subversão. As barricadas podem e devem ser muitas, suas funções variadas, suas potências díspares, suas articulações comunais, suas visibilidades camufladas, como é o ímpeto da revolta: um dragão-de-komodo armado que dança alegremente!

A REVOLUÇÃO NÃO SERÁ DEMOCRÁTICA !